호신술의 완성

성폭력 예방과 퇴치법 · 체포술

호신술의 완성完成

2018년 11월 20일 초판 1쇄 인쇄
2018년 11월 30일 초판 1쇄 발행

지은이 반종진
발행인 한태식
발행처 동국대학교출판부

주소 04620 서울시 중구 필동로 1길 30
전화 02-2260-3483~4
팩스 02-2268-7851
Homepage http://dgpress.dongguk.edu
E-mail book@dongguk.edu
출판등록 제2-163(1973. 6. 28.)
편집디자인 동국대학교출판부
인쇄처 네오프린텍(주)

ISBN 978-89-7801-937-8 03690

값 20,000원

이 책의 무단 전재나 복제 행위는 저작권법 제98조에 따라 처벌받게 됩니다.

호신술의 완성 完成

성폭력 예방과
퇴치법·체포술

반종진 지음

동국대학교출판부

이 책을 저술하며

　누구나 생명은 존엄하며 마땅히 보호 받아야 한다. 인간이 보다 행복하고 자유로운 삶을 추구하는 것은 본능이며 보편적 가치이다. 어떠한 경우라도 개인의 권리와 생존(기본)권을 침해 받아서는 안 될 것이다.
　호신술은 유사시에 신체를 위협하는 폭력 등 각종 위해危害 요소로부터 자기 몸을 보호할 수 있는 방어 수단이며 우리 생활의 안전 도구이다. 호신술은 남녀노소 누구나 특정한 장소와 룰(rule)에 관계없이 자유롭게 수련할 수 있는 생활체육이며 무술武術이다.
　호신술은 현재 국내외 대다수의 대학에서 교과과정(curriculum)으로 정착돼 있거나 또는 각 교육기관, 사회단체, 직장 등지에서 유기적으로 저변이 확산되어 취미생활이나 여가선용 등의 다양한 시스템으로 활발히 운영되고 있다.
　호신술이, 급변하는 현대 사회와 글로벌 시대에 부응할 수 있는 국민적 교과서로 도약하기 위해서 신기술 개발 등 획기적인 변화가 절실히 요구되는 작금昨今에, 필자는 이러한 시대적 과제와 당위성을 직시하고 누구나 생활 속에서 쉽게 배우고 몸에 익힐 수 있는 기술로서 과학성·효율성·실용성을 핵심 요소로 하여, 기旣 출간된 필자의 『종합실용호신술』(2012)과 『모범 호신술』(2016)을 철저히 보강하여 그 완성본으로 AI(인공지능)처럼 강력하고 정확한 『호신술의 완성』으로 거듭나게 되었다.

　본 호신술은 다음과 같은 프로젝트에 의해 구성되었다.

- 힘의 '작용과 반작용'이 인체에 미치는 영향, 역학관계, 메커니즘 등 물리적인 원리를 이론적 배경으로 기초를 확립하였다.
- 다양한 응용 프로그램과 포괄적인 시뮬레이션(simulation) 등의 실험을 바탕으로 기술의 완성도와 실전적 가치를 높였다.
- 국제학술포럼·국제범죄세미나 등 글로벌(문화) 교류와 사회적인 쟁점(issue), 연구 과제 등을 집약, 프레임을 구축하였다.

특히, 필자는 경찰인재개발원(구 경찰종합학교)을 비롯하여 대학, 사회교육기관 등지에서 다년간 강의와 연구, 무술지도 그리고 경찰실무(범죄수사) 경험을 통해 섭렵한 식견과 다채로운 스펙트럼을 토대로 이 책의 초석을 더욱 견고히 하였으며, 이 책이 국민의 생활지침서로서 널리 활용될 수 있도록 집필에 정성과 심혈을 기울였다.

끝으로 이 책을 발간하기까지 기술시범, 사진촬영 등에 수고해 준 동국대학교 제자들과 서울지방경찰청 홍보팀, 그리고 출판에 협조해 주신 동국대학교출판부에 심심한 감사를 드리며, 기旣 출간된 필자의 『종합실용호신술』(1, 2판)과 『모범 호신술』에 그동안 많은 관심과 성원을 보내 주신 모든 독자들에게도 깊은 사의를 표한다.

2018년 11월
저자 반 종 진

CONTENTS

이 책을 저술하며   4

PART 01 호신술

서 론   11

CHAPTER 1 방어능력(기술)   15
멱살을 잡았을 때   16
손목을 잡았을 때   29
손을 잡았을 때   42
어깨를 잡았을 때   45
팔을 잡았을 때   48
팔짱을 끼었을 때   52
벨트(혁대)를 잡았을 때   58
앞에서 껴안을 때   64
뒤에서 껴안을 때   70
옆에서 껴안을 때   80
발차기로 공격할 때   83
흉기로 공격할 때   86

CHAPTER 2 성폭력 예방과 대처법   105
서론   106
성폭력 대처법   110
소아 청소년 성폭력   124

CHAPTER 3 신체안전능력(낙법)   131
낙법의 정의   132
낙법의 유형과 방법   134

CHAPTER 4 위기 대처능력(생존 메뉴얼)   155
위기 대처능력   156

PART 02 체포술

서론 165

CHAPTER 1 기술 169
　　　　　　상대 앞에서 체포할 때 170
　　　　　　상대 옆에서 체포할 때 185
　　　　　　상대 뒤에서 체포할 때 194

PART 03 기본 동작

자세 201
피하기 동작 203

인체 외부 명칭도 세부 설명 209
저자의 경찰 호신술 · 체포술 교육 장면 211

PART 01

호신술

서론

1. 호신술의 개념

　모든 국민은 인간으로서의 존엄과 가치를 가지며 신체의 자유와 사생활의 자유를 누릴 수 있는 '기본권(헌법 제10조)'과 자기의 소중한 권리를 침해받지 않고 인간다운 생활을 향유할 수 있는 '행복추구권(The right to pursue one's happiness)'이 보장돼 있다.
　인간이 보다 안락하고 양질良質의 삶을 추구하는 것은 보편적 가치이지만 어느 누구도 폭력이나 각종 범죄의 위험으로부터 자유로울 수는 없다. 특히 사회적인 약자라 할 수 있는 여성이나 어린이가 범죄의 타깃(target)이 되는 경우가 많다.
　우리 사회는 엄연히 법과 질서가 존재하지만 개개인의 권익과 안위를 국가 공권력에 의존하는 데는 한계가 있는 것이다. 즉 치안이 미치지 못하는 사각지대에서 자력自力으로 자신을 보호할 수 있는 수단이나 대비책으로는 스스로 몸에 방어 능력을 체득하는 것이라고 할 수 있다. '모든 범죄는 때와 장소를 가리지 않고 불시에 찾아온다.'
　호신술은 신체에 외부의 물리적인 힘이 가해지거나 유사시 위험에 직면했을 때, 자신의 몸을 보호할 수 있는 도구이며 무기이다. 그러나 호신술의 궁극적인 목적은 '공격보다는 방어, 방어보다는 예방'이 우선이라는 본질적 가치를 간과해서는 안 된다.
　『손자병법』에 이른바 부전승전법不戰勝戰法, 즉 싸우지 않고 이기는 것을 더욱 값진 승리라고 했듯이 불가피한 경우가 아니면 가급적 상대와 물리적인 충돌을 피하고 승리를 이끌어 낼 수 있는 전략이 더욱 효율적이고 실용적인 전법이라 할 수 있다.

2. 호신술의 정의

호신술은 무도정신의 이념과 철학적 가치를 바탕으로, 심신心身을 수련하고 기술을 연마하는 무술(martial art)로서 세 가지 유형으로 정의한다.

- 방어능력(외적인 요소): 외부의 공격 등 신체에 가해지는 물리적인 위해危害 요소로부터 자신을 방위하며 상대를 제압하는 기술
- 신체안전능력(내적인 요소): 신체의 불안요소 등 비폭력적인 위험에 직면했을 때 신체를 안전하게 보호하기 위한 자위적 수단
- 위기대처능력(생존 매뉴얼): 화재, 지진, 태풍 등 재난이나 위급한 상황에 처했을 때 위기에 대처하며 생명을 보존할 수 있는 능력

호신술은 적敵의 공격을 받았을 때 최소한의 물리력으로 상대의 관절이나 급소 등 신체의 핵심 부위를 집중적으로 공략하여 자신을 방위하기 위한 방어술이다.

호신술은 인간의 생존 본능적인 자구自救 행위로서 신체에 가해지는 폭력 등 물리적인 위해危害 요소를 제어하며 상대를 효과적으로 제압할 수 있는 기술이다.

호신술은 신체의 안전과 위기대처 능력으로서 몸이 급격히 균형을 잃거나 또는 불시에 재앙 등 위급한 상황에 직면했을 때 신체 중심의 불안 요소로 작용하는 비폭력적인 위험으로부터 자신을 보호하기 위한 자위적 수단이다.

호신술의 궁극적인 목적은 상대에게 위해危害를 가하지 않으며 방어 수단에 기인한 정당 행위로서, 이를 공격적으로 행사하거나 또는 가해加害 도구로 오용되는 것은 호신술의 보편적 가치와 목적에도 배치됨을 유념해야 한다.

▶ 싸움에서는 분노나 격양된 감정만으로는 결코 적敵을 이길 수 없는 만큼, 상대와 첨예한 대결 국면에 직면했을 때는 침착하고 의연한 자세를 잃지 않아야 한다. 또한 냉철한 판단과 예리한 직관력을 바탕으로 먼저 상대의 심리를 압도하고 사태에 능동적으로 대처할 수 있을 때, 기선제압 등 전략적으로 우위優位를 점할 수 있으며, 전세戰勢를 유리하게 전개해 나갈 수 있다.

3. 호신술의 효과

호신술은 무도정신의 내면적인 가치와 철학을 기반으로, 심신을 수련하고 기술을 연마하며 인격적 품성을 배양하는 데 교육의 목적과 모티브(motive)가 있다.

1) 신체적인 효과
호신술을 수련함으로써 신체에 민첩성, 유연성, 순발력 등 운동능력을 향상시키고 근력과 근지구력 등 기초체력을 강화한다.

2) 정신적인 효과
담력과 용기, 자신감 등 강인한 정신력을 기르고 긴장과 스트레스 등 심리적인 불안요소를 완화하여 정서적 안정을 구현한다.

3) 사회적인 효과
몸과 마음을 갈고 닦으며 인격 형성과 품성을 함양하고 의협심, 협동심 등 사회공동체 의식과 도덕적 가치관을 고취시킨다.

4. 호신술의 원리

신체가 외부의 힘에 의해 작용하는 반사(본능)적인 역학관계와 물리적인 메커니즘을 이론적 배경으로, 기술의 효율성과 완성도를 극대화하여 프레임(frame)을 구축하였다.

1) 토크(torque)의 원리
물체에 힘이 작용하여 물체를 그 회전축 주위로 회전시키는 물리량(회전력)으로, 이를 '비틀림 모멘트'라고도 한다. 힘의 성분과 질량에 따라서 운동량도 달라지며 중심축에서 힘의 작용점까지의 거리, 즉 회전반경이 클수록 회전력도 크게 작용하는 원리 등을 착안

하여 다수多數의 기술에 이 원리를 응용하였다.

2) 지레(lever)의 원리

지레는 작은 힘으로 큰 힘을 내고 더 멀리 움직일 수 있는 도구(아르키메데스 발견)로서 지레의 고정된 점을 받침점, 외부의 힘이 가해지는 점을 힘점, 물체에 힘이 작용하는 점을 작용점이라고 한다. 작용점과 받침점 사이의 거리를 짧게 하면 힘점에 가한 힘보다 더 큰 힘을 작용점에 가할 수 있다는 지레의 원리는, 관절 등을 꺾을 때 효율성을 높인다.

3) 작용과 반작용(action and reaction)의 원리

한쪽에 힘을 가하게 되면 다른 한쪽도 같은 크기의 힘을 반대 방향으로 가하는 원리로서 두 물체 사이에 힘이 작용하는 메커니즘을 반작용, 즉 힘의 상호작용이라 한다. A가 앞에서 힘을 가하여 B를 뒤로 밀 때, B는 이에 맞서 같은 힘으로 응수하는 것을 말하는데 이때 신체 중심이 앞으로 쏠리는 현상, 즉 상대의 힘을 역逆이용하는 원리이다.

4) 힘(force)의 원리

힘은 운동에너지로서 물체를 움직이거나 속도 또는 운동 상태를 변화시키는 물리력이다. 힘은 상호적인(작용과 반작용) 성질을 가지며 질량과 방향, 작용점이 그 요소이다. 힘이 물체에 작용하는 효과와 크기 등의 능률을 '힘의 모멘트(moment)'라고 하며, 본문의 모든 기술과 물리적인 동작에는 힘이 필수요소로서 작용한다.

5) 반사행동(reflexive behavior)의 원리

신체에 위험을 느끼거나 물리적인 자극을 받았을 때, 자신의 의지와 감정에 관계없이 무의식적이고 즉각적으로 나타나는 불수의不隨意인인 반응을 말한다. 반사행동에는 생리적인(재채기, 눈 깜박임 등) 신체반응과 생존본능적인 신체반응이 있다. 상대를 밀거나 당길 때 그 반대로 작용하는 힘과 심리를 이용하는 원리이다.

chapter 1 방어능력(기술)

- 멱살을 잡았을 때
- 손목을 잡았을 때
- 손을 잡았을 때
- 어깨를 잡았을 때
- 팔을 잡았을 때
- 팔짱을 끼었을 때
- 벨트(혁대)를 잡았을 때
- 앞에서 껴안을 때
- 뒤에서 껴안을 때
- 옆에서 껴안을 때
- 발차기로 공격할 때
- 흉기로 공격할 때

멱살을 잡았을 때

나라마다 격투의 특징은 선제공격부터 전략이 다양하다. 주먹이나 발이 먼저 나가기도 하고 도구를 사용하거나 기습적으로 상대의 허虛를 노려 기선을 제압할 수도 있는데, 우리 민족은 전통적으로 상대의 멱살을 잡는 것이 보편적이다. 따라서 상대 신체에 대한 최초의 물리적인 접촉은 멱살 공격이라고 할 수 있다.

멱살은 다른 공격 수단에 비해서 가해加害 정도가 결코 약하지 않다. 우리 신체의 핵심 부위는 목(경부)이고 그 목과 직결되어 있는 부위가 멱살이기 때문에 신체 특정 부위에 대한 상징성이나 그 위해 정도를 경시輕視할 수 없다. 멱살을 강하게 잡히게 되면 경부頸部가 압박되면서 질식하거나 생명을 위협받을 수 있다.

1. 팔을 펴서 잡았을 때

1) 팔꿈치 누르고 손목 꺾기

요령

❶ 왼손은 상대 손목을, 오른손은 그의 손등(주먹)을 잡는다.
❷ 오른발을 뒤로 빼면서 상대를 끌어당긴다.(이때 상대 중심을 무너뜨린다.)
❸ 왼발을 우측 앞으로 디디며 몸을 우측(3시) 방향으로 틀면서 상대 팔을 왼쪽 겨드랑

이에 낀다.(이때 회전력으로 상대 팔은 180도 틀어진다.)

❹ 체중을 실어 팔꿈치를 누르고 오른손으로 손목을 세로로 눌러 꺾는다.

▶ 상대가 멱살을 잡고 밀어붙일 때는 그의 힘을 역이용하여 좀 더 효율적으로 제압할 수 있다.

▲ 준비

▲ 1

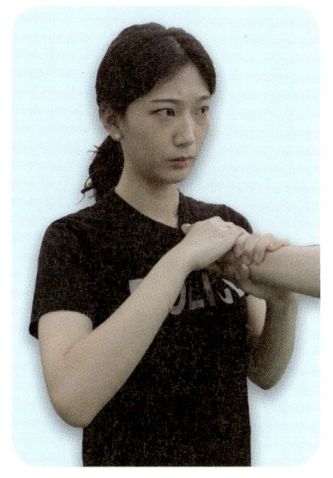

◀ 2-1

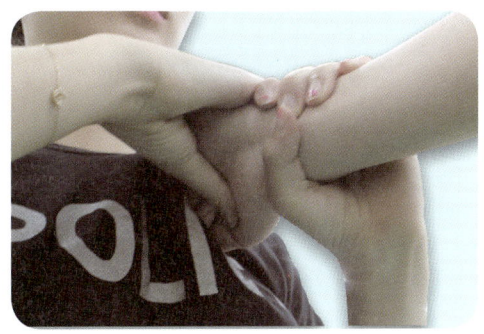

▲ 2-2

PART 01 호신술 17

▲ 3

▲ 4

▲ 5

▲ 6

▲ 7-1

▲ 7-2

PART 01 호신술 **19**

2) 팔 비틀고 손목 눌러 꺾기

> **요령**

① 오른손은 상대 손등을 감싸 손끝으로 손날 부위를 잡는다.
② 왼손은 손바닥을 위로 향하여 상대 손 아래를 떠받친다.
③ 양손으로 상대 팔을 우측으로 틀어 세로(180도)로 비튼다.
④ 오른발을 뒤로 빼면서 손목을 가슴에 대고 눌러 꺾는다.

▶ - 상체를 세우고 체중을 실어 수직으로 누른다.
　- 반대로 한 발을 앞에 내딛고 꺾을 수도 있다.

▲ 준비

▲ 1

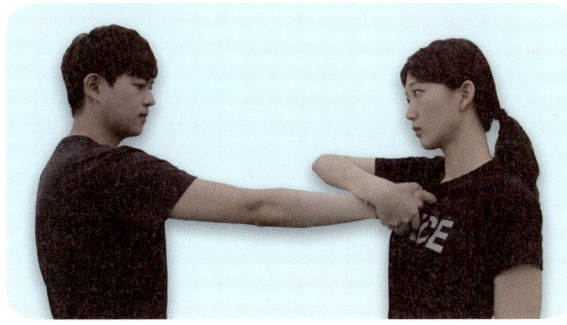

▲ 2

▲ 3

▲ 4

▶ 5

PART 01 호신술 21

2. 팔을 당겨 잡았을 때

1) 엄지손가락 젖혀 꺾기
'엄지를 구부려서 잡았을 때'

> **요령**

① 왼손으로 멱살을 잡은 상대의 손목을 잡는다.
② 오른손 무지구 부위로 상대 엄지관절 돌출 부위에 대고
③ 어깨 힘으로 위에서 아래로 원을 그리듯이 밀어 젖힌다.

▷ – 무지구拇指球(thenar): 엄지손가락 아래쪽의 불룩한 부위를 말한다.
   – 엄지손가락 바깥쪽으로 나사를 조이듯 밀어 젖힐 때 더욱 효과적이다.

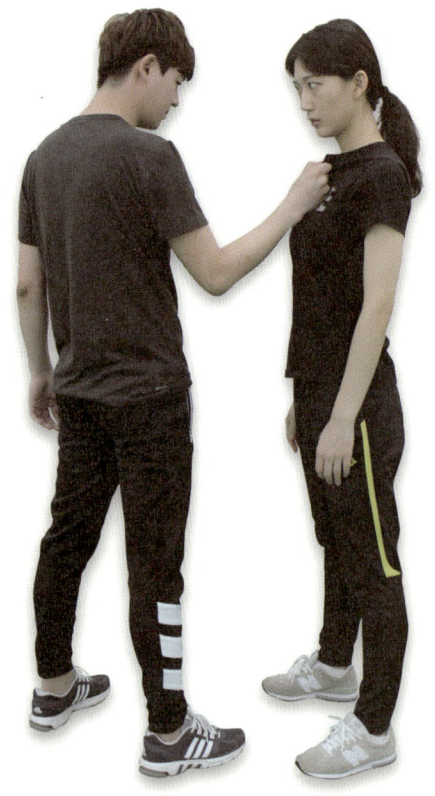

▲ 준비

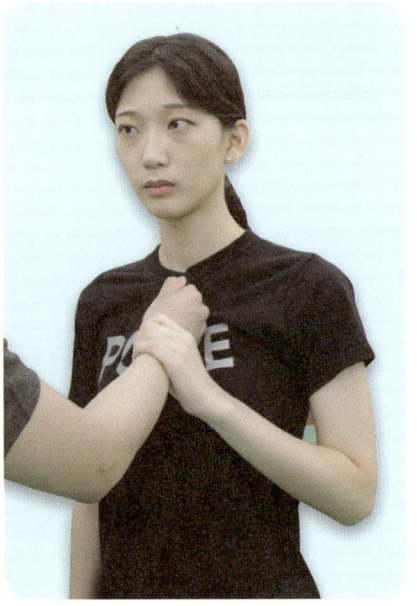

▲ 1

▲ 2

▲ 3-1

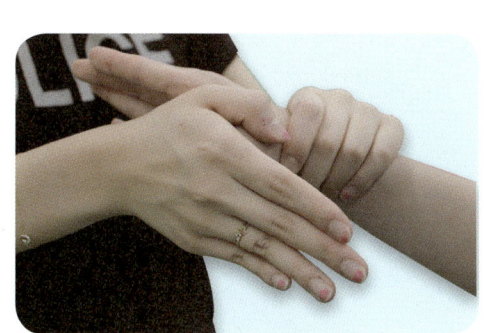

▲ 3-2

▲ 4

PART 01 호신술 23

'엄지를 펴서 잡았을 때'

요령

① 왼손으로 상대 손목을 잡고 오른쪽 엄지로 상대 엄지를 벌린다.
② 엄지가 벌어지면 양손 엄지로 뒤로 젖혀서 엄지 관절을 꺾는다.

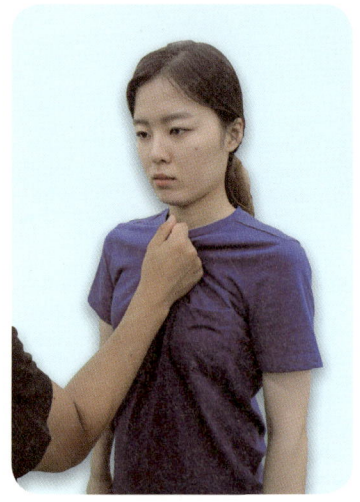

▲ 준비

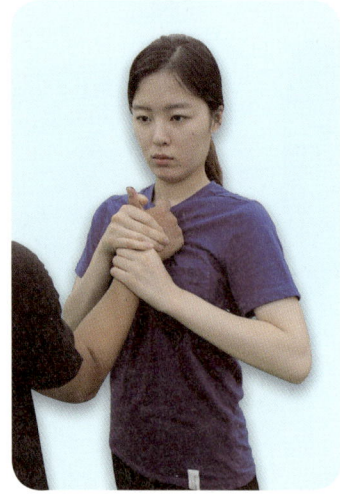

▲ 1-1

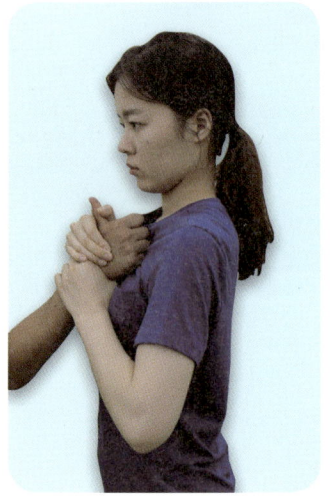

▲ 1-2

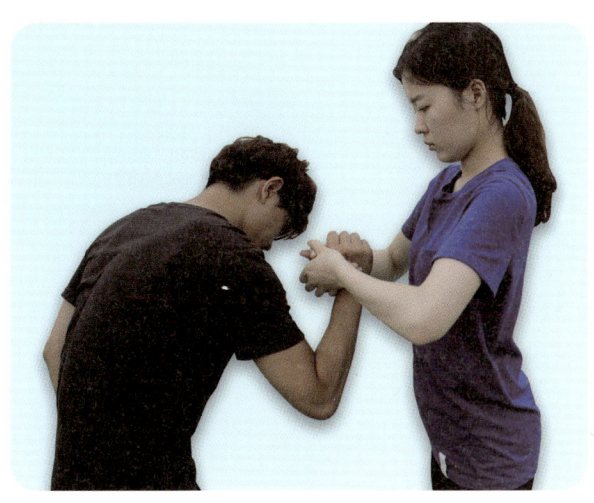

▲ 2-1

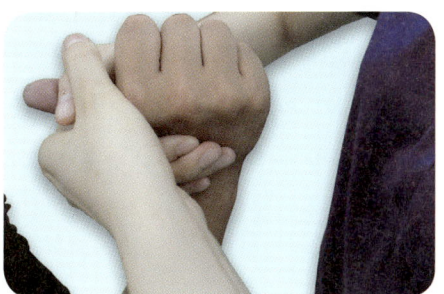

▲ 2-2

▲ 2-3

2) 손등 눌러 꺾기
'양팔로 당겨 잡았을 때'

> 요령

① 상대 오른손을 양손으로 엄지가 손등으로 가게 하여 잡는다.(이때 자신의 오른손은 상대 왼손 위쪽을 누르며 그 손을 떼지 못하도록 당겨 준다.)

② 왼발을 뒤(시계 반대방향)로 이동, 몸을 좌측 90도 방향으로 틀면서 양 엄지로 상대 손등을 눌러 꺾는다.

▶ 상대 손등을 가슴에 대고 상체를 앞으로 기울이며 손등을 누른다.

▲ 준비

▲ 1

▲ 2

▲ 3-1

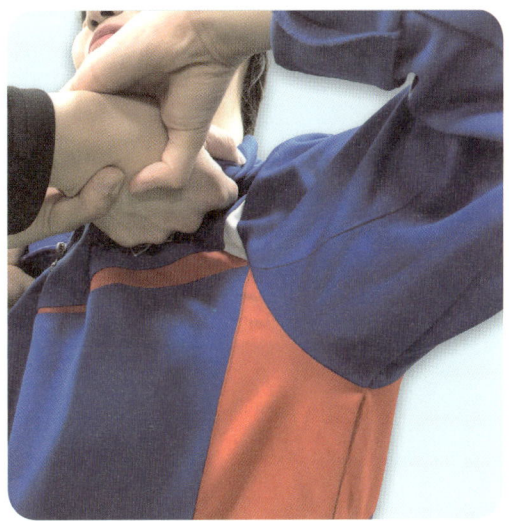

▲ 3-2

PART 01 호신술

▲ 4

▲ 5-1

▲ 5-2

손목을 잡았을 때

1. 손목 감아 빼기

요령

① 손에 힘을 주고 손(바닥)을 펴면서 손끝을 위로 세운다.
② 손을 옆으로 틀어 손날이 상대 손목에 닿도록 가로 댄다.
③ 상대 손목을 아래로 감아 돌리면서 잡힌 손목을 빼낸다.

▲ 준비

▲ 1

▲ 2

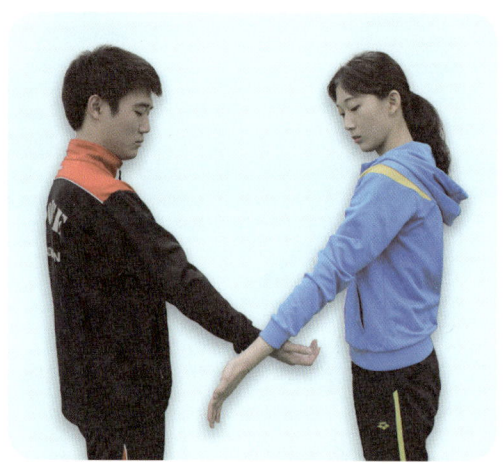

▲ 3-1

▲ 3-2

2. 손목 틀어 빼기

1) 맞은쪽 손목을 잡혔을 때 '기술 1'

요령

① 잡힌 손바닥을 펴서 힘을 주고 위로 세운다.
② 손목을 옆으로 틀어 상대의 손 틈을 벌린다
③ 손등을 위로 돌리며 가슴 앞으로 당겨 뺀다.

▶ 손목을 틀 때 그 부위가 팽창되면서 상대 손 틈이 벌어지면 그 틈 사이로 손목의 엷은(가는) 부위부터 빼내는 원리이다.

▲ 준비

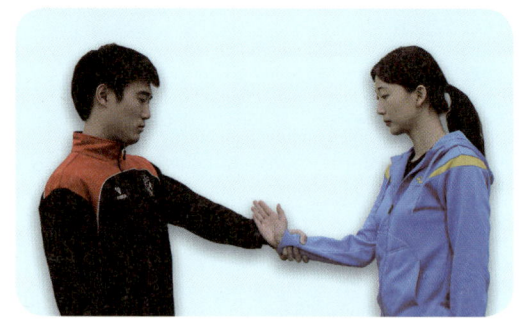

▶ 1-1

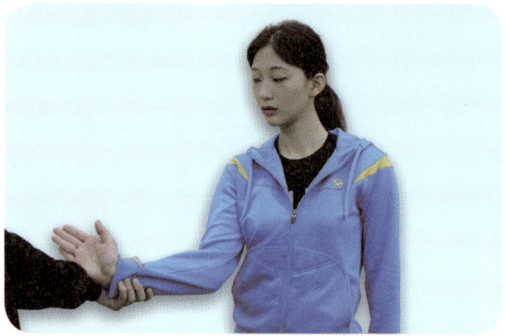

▶ 1-2

▶ 2

▶ 3

2) 맞은쪽 손목을 잡혔을 때 '기술 2'

> 요령

① 오른발을 내디디며 손바닥에 힘을 주고 (손등이 수평이 되도록) 손목을 좌측으로 튼다.
② 오른발을 축으로, 왼발을 역회전하여 몸을 좌측(9시 방향)으로 틀면서 팔을 당겨 뺀다.

▶ 몸과 함께 원을 그리듯 탄력적으로 팔을 당겨서 손목을 뺀다.

▲ 준비

▲ 1

▲ 2

▲ 3-1

▲ 3-2

3) 양 손목을 잡혔을 때

요령

① 잡힌 양 손바닥을 펴서 힘을 주고 위로 세운다.
② 양 손목을 옆으로 틀어 상대의 손 틈을 벌린다.
③ 양손을 자신의 어깨 쪽으로 당겨 손목을 뺀다.

▲ 준비

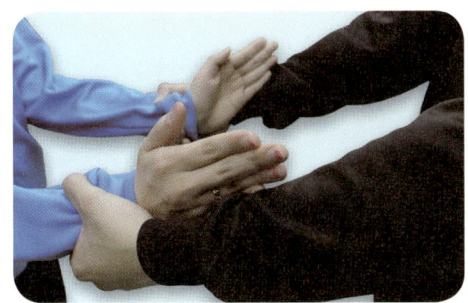

▲ 1

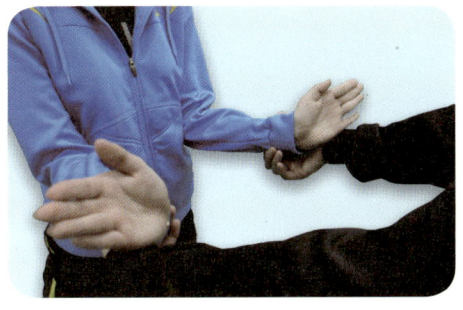

▲ 2

▲ 3

▲ 4

3. 손목 세로로 눌러 꺾기
'상대 왼손으로 내 오른손목을 잡았을 때'

> **요령**

① 잡힌 손을 (손바닥이 위로) 틀면서 왼손은 상대 손등을 받쳐 잡는다.

② 왼손으로 상대 손을 세로로 틀면서 오른손을 (엄지 방향으로) 틀어 손목을 뺀다.

③ 오른 손목을 (엄지가 위로) 틀어 상대 손목 하단에 받치고 왼손을 눌러 손목을 꺾는다.

▶ 상대 손을 내 몸(복부 부위)에 대고 누르면 힘이 더욱 가중된다.

▲ 준비

▲ 1

▲ 2-1

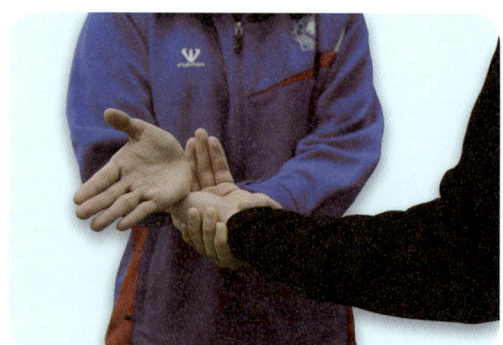

▲ 2-2

▲ 3-1

▲ 3-2

▲ 4-1

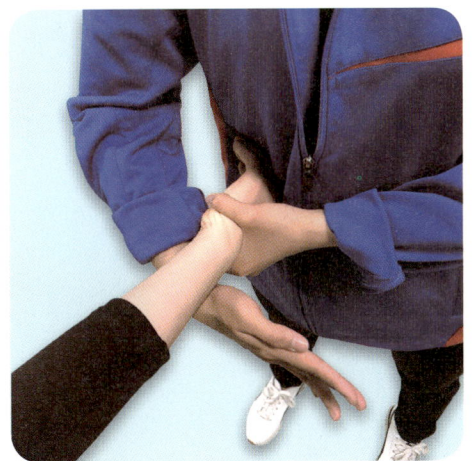

▲ 4-2

PART 01 호신술 **39**

4. 발차고 팔 비틀어 꺾기

'상대 오른손이 내 오른손목을 잡았을 때'

> **요령**

❶ 잡힌 손과 반대쪽 손으로 상대 손을 맞잡는다.

❷ 오른발로 상대 급소(고환) 또는 대퇴부를 찬다.

❸ 왼발로 상대 앞(몸)을 막고 몸을 우측으로 틀며 상대 팔을 왼쪽 겨드랑이에 깊이 낀다.(이때 왼팔 팔꿈치로 상대 안면을 가격할 수도 있다.)

❹ 오른손으로 상대 손목을 안쪽으로 비틀어 팔을 꺾는다.(왼팔을 지렛목 삼아 동시에 위로 쳐들어 주면 더 효과적이다.)

▶ 기술의 연속성과 민첩성이 매치될 때 더 위력적으로 상대를 압도할 수 있다.

▲ 준비

◀ 1

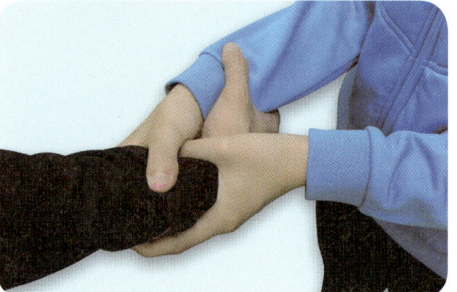

◀ 2

▲ 3

▲ 4

▲ 5

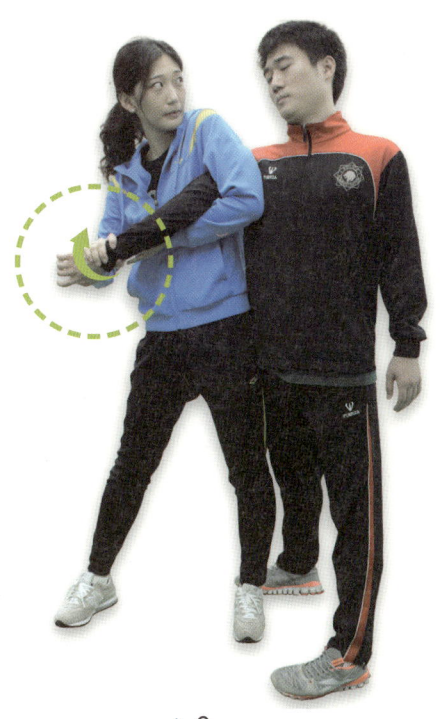
▲ 6

PART 01 호신술 **41**

손을 잡았을 때

1. 앞에서 오른손을 잡았을 때
'엄지 꺾고 손목 틀기'

요령

① 잡힌 쪽 엄지손가락을 옆으로 젖혀 상대의 엄지 관절을 십자로 누른다.
② 오른발을 뒤로 빼면서 상대 손을 당기고 왼손으로 그의 손날을 잡는다.
③ 오른손으로 상대 손등을 잡고 왼발을 뒤로 빼면서 손목을 틀어 꺾는다.

▲ 준비

▲ 1-1

▲ 1-2

▲ 2-1

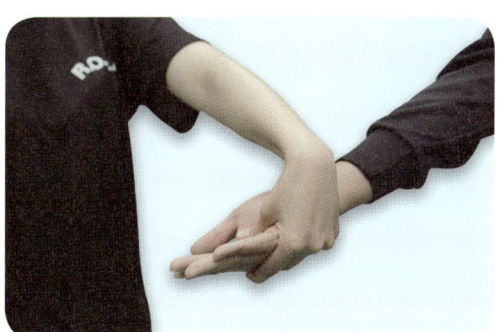

▲ 2-2

▲ 3

PART 01 호신술 43

▲ 4

▲ 5-1

▲ 5-2

▶ 5-3

44 호신술의 완성

어깨를 잡았을 때

1. 팔 끼고 손목 꺾기

> 요령

① 양손으로 어깨를 잡은 상대 손목을 잡는다.
② 오른발을 시계 방향으로 이동, 몸을 우측으로 90도 틀면서 상대 팔을 왼쪽 겨드랑이에 낀다.(이때 상대 팔은 180도 틀어진다.)
③ 체중을 실어 팔꿈치를 누르고 오른손으로 그 손목을 세로로 눌러 꺾는다.

▲ 준비

▲ 1-1

▲ 1-2

▲ 2

▲ 3

◀ 4-1

◀ 4-2

PART 01 호신술 **47**

 ## 팔을 잡았을 때

1. 팔 밀어 젖히기

요령

① 잡힌 쪽의 팔과 손을 펴서 위로 세운다.
② 팔을 옆으로 젖혀 상대 팔 바깥쪽을 막는다.
③ 팔을 안쪽으로 밀어 젖혀 손을 떼 낸다.

▶ 팔을 밀어 젖힐 때는 몸도 팔 방향으로 틀어 동작이 일치되어야 한다.

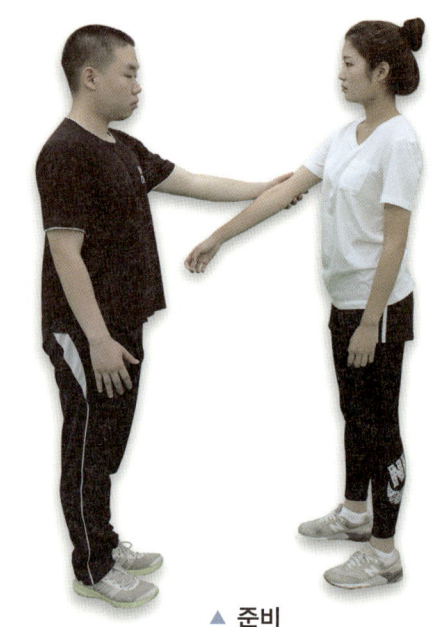

▲ 준비

▲ 1

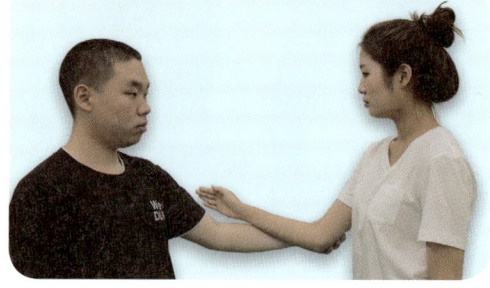

▲ 2

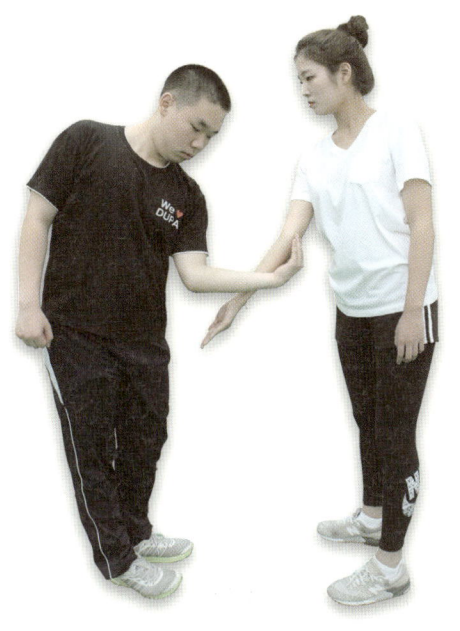

▲ 3

▲ 4

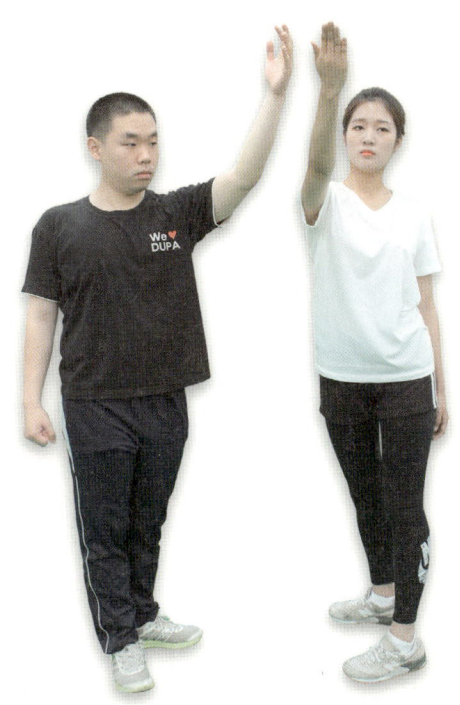

▲ 5

PART 01 호신술 49

2. 팔 빼내고 팔 비틀기

'상대 오른손으로 나의 왼팔을 잡았을 때'

> **요령**

❶ 잡힌 팔을 수직으로 세우며 오른손은 그의 손목을 잡는다.
❷ 왼팔로 상대 팔을 감아 젖히며 오른손을 당겨 팔을 뺀다.
❸ 왼발로 상대 앞을 막고 왼팔로 그 팔을 겨드랑이에 낀다.
❹ 상대 팔을 몸 쪽으로 비틀어 지렛대(lever) 원리로 꺾는다.

▲ 준비

▲ 1

▲ 2

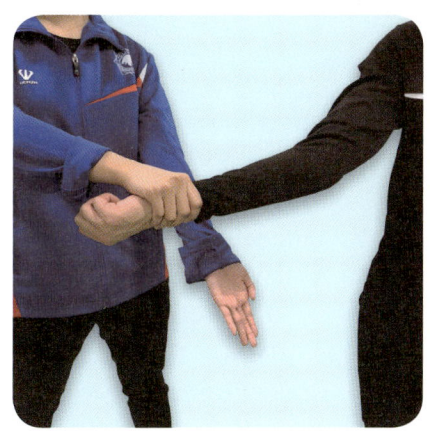

▲ 3

▲ 4

▲ 5-1

▲ 5-2

PART 01 호신술 **51**

팔짱을 끼었을 때

1. 뒤돌아 손등 누르기

요령

① 팔짱을 끼인 반대쪽 손으로 상대 손목을 잡아 당겨 팔짱을 푼다.
② 풀려난 손으로 상대의 손 안쪽(손바닥) 부위를 맞잡는다.
③ 왼발을 오른발 앞에(발끝이 우측으로) 딛고 오른발을 시계 방향으로, 몸이 180도 회전한다.
④ 상대 팔을 직각을 유지하며 손등을 눌러 팔꿈치와 동시에 꺾는다.

▶ 회전력을 동력으로 이용한 기술로, 빠른 동작에서 더 큰 에너지원을 구할 수 있으며, 기술의 완성도를 높일 수 있다.

▲ 준비

▲ 1

▲ 2

◀ 3

PART 01 호신술 **53**

▲ 4-1

▲ 4-2

▲ 5-1

▲ 5-2

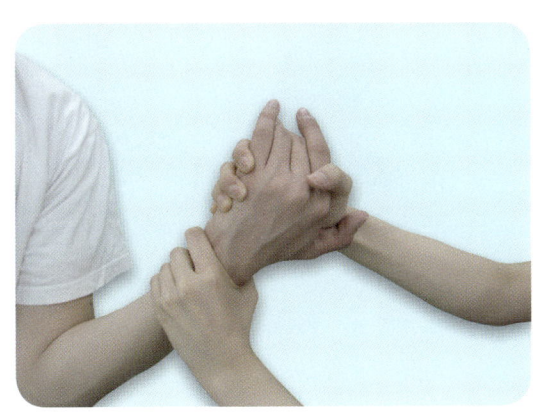

▲ 5-3

2. 옆에서 손등 누르기

> **요령**

❶ 팔짱을 낀 상대 손목을 반대쪽 손으로 잡아 당겨 팔을 뺀다.
❷ 빠진 손을 상대 팔 밑으로 받쳐 올려 그의 손등 위에 얹는다.
❸ 반대쪽 손을 같은 부위에 얹어 양손으로 손목을 눌러 꺾는다.

▶ – 상대 손등을 누를 때는 손끝이 전방을 향하게 하여 잡는다.
　– 상대를 제압한 후 특정한 장소로 이동(연행)할 때 적합한 기술이다.

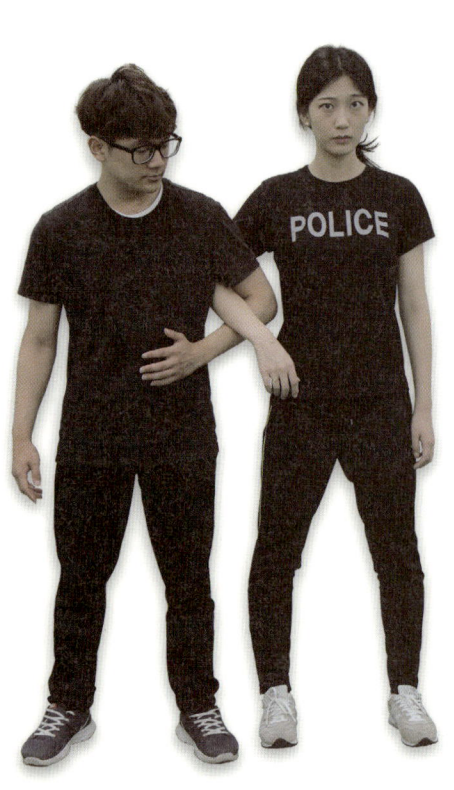

▲ 준비

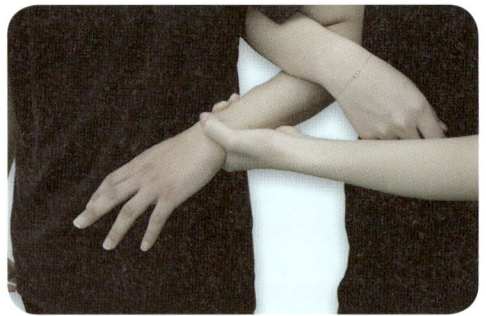

▲ 1

▲ 2

▲ 3

▲ 4

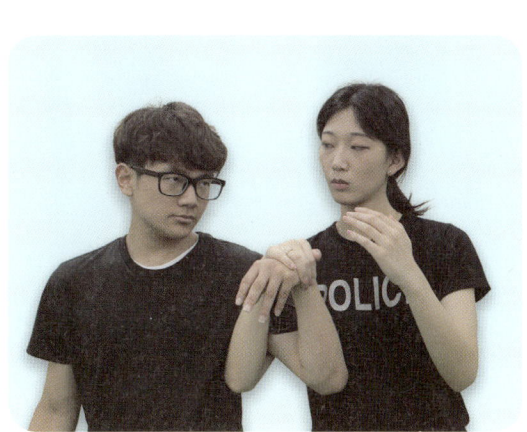

▲ 5

▶ 6

벨트(혁대)를 잡았을 때

1. 팔꿈치 올려 꺾기

'손등이 아래쪽으로 잡았을 때'

요령

① 왼손은 상대의 손목을, 오른손은 그 팔꿈치를 잡는다.
② 한 발을 앞으로 내딛고 양손을 모아 팔꿈치를 잡는다.
③ 복부를 앞으로 내밀며 팔꿈치를 위로 올려서 꺾는다.

▶ 팔꿈치를 올릴 때는 동시에 복부에 힘을 주고 당긴다.

▲ 준비

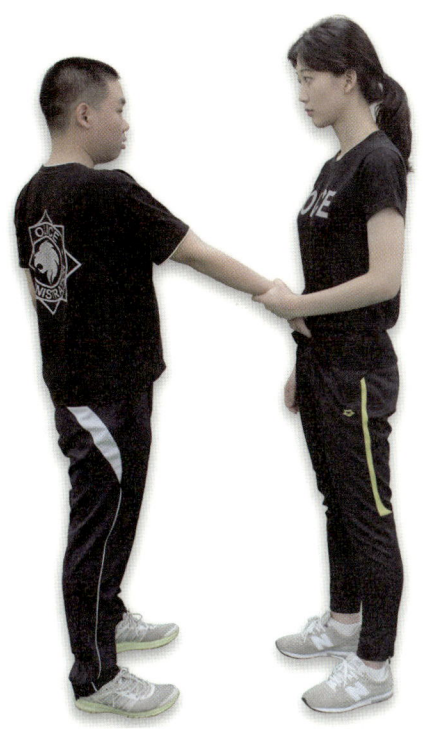
▲ 1

▲ 2

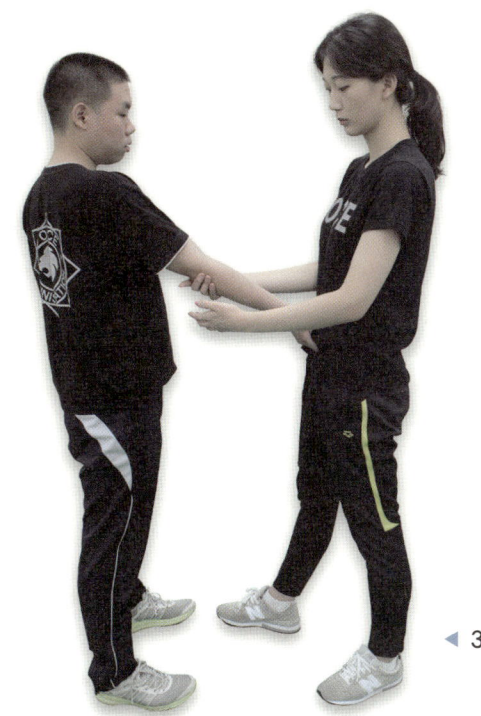
◀ 3

PART 01 호신술 59

◀ 4

▲ 5-1

▲ 5-2

2. 손목 세로로 틀어 꺾기

'손등이 위쪽으로 잡았을 때'

> **요령**

❶ 왼손은 상대 손목을 (손등이 위로) 잡고, 오른손은 주먹 아래를 잡는다.
❷ 오른발을 뒤로 빼면서 상대 팔을 끌어당긴다.
❸ 오른발을 시계 방향으로 이동, 몸을 우측(3시) 방향으로 틀면서 왼손으로 상대 손목을 앞으로 감아 비튼다.
❹ 세로로 틀어진 상대 손목을 오른손으로 쳐들면서 왼손으로 손목을 눌러 꺾는다.

▶ '하면 된다'는 신념과 자신감을 갖고 꾸준히 연습하는 노력이 중요하다.

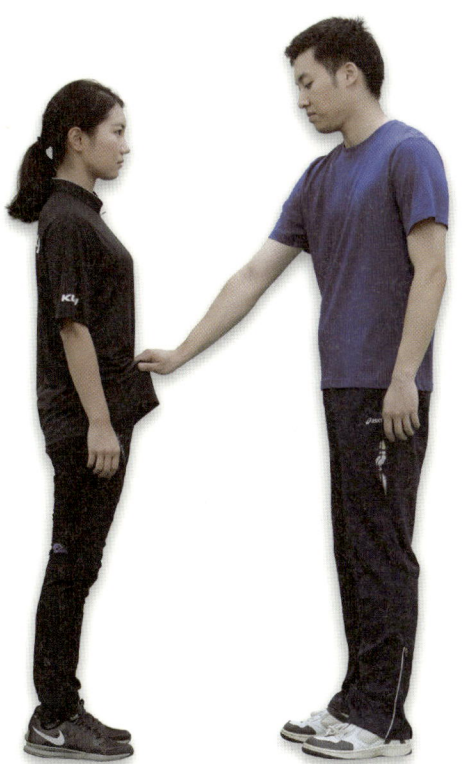

▲ 준비

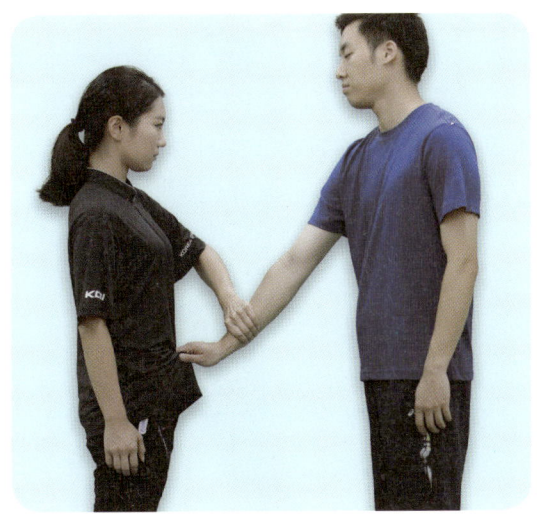

▲ 1

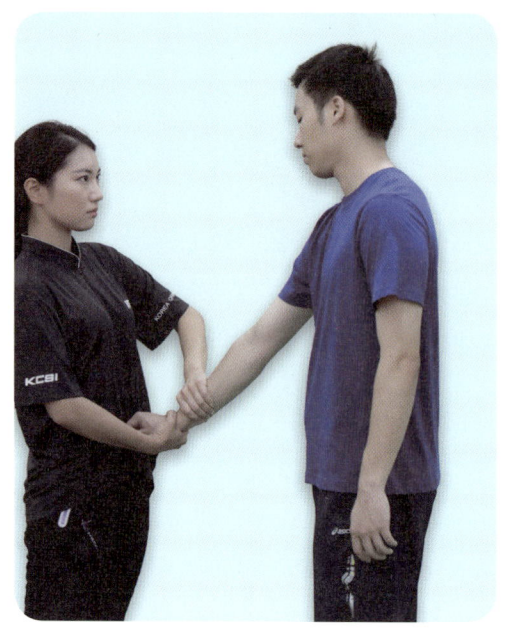

▲ 2-1

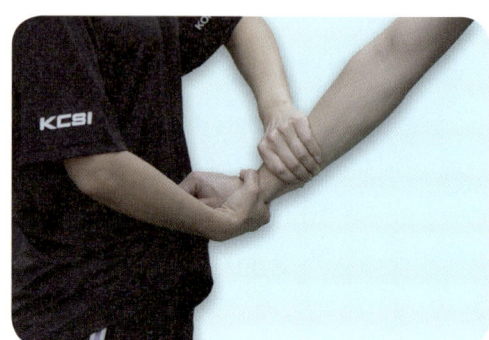

▲ 2-2

▲ 3

62 호신술의 완성

▲ 4

▲ 5-1

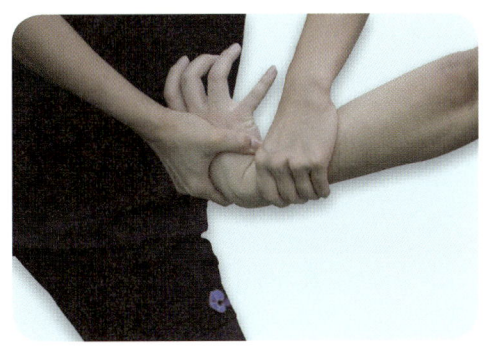

▲ 5-2

PART 01 호신술 **63**

앞에서 껴안을 때

1. 머리 틀기

'팔 안쪽으로 안았을 때'

> **요령**

① 왼손은 상대 머리 정수리 부위를 잡고 오른손은 턱을(떠받쳐서) 잡는다.
② 왼손으로 머리를 당기면서 오른손은 턱을 위로 밀어 대각선으로 튼다.
③ 머리를 튼 상태를 유지하며 오른발을 축으로, 왼발을 뒤로 역회전한다.
④ 상대의 경골(목뼈)이 제압되면서 넘어질 때까지 동작을 멈추지 않는다.

▶ ─ 상대 머리가 자신의 왼쪽에 있을 때는 그 반대 방법으로 한다.
  ─ 동작을 실행할 때 상대에게 경추골절에 의한 신경손상 등의 부상을 가하지 않도록 주의한다.

▲ 준비

▲ 1

▲ 2

▲ 3

▲ 4

PART 01 호신술 **65**

▲ 5

▲ 6

▲ 7

▲ 8

66 호신술의 완성

2. 팔 어깨에 대고 꺾기
'팔 밖으로 안았을 때'

> **요령**

❶ 양어깨를 수평으로 올림과 동시에 몸을 낮춰 껴안긴 몸을 뺀다.
❷ 오른팔을 올려 상대 팔 바깥쪽을 막고 왼손은 그 팔 위쪽을 잡는다.
❸ 왼발을 역회전, 상대 팔을 밀고 돌아 몸을 좌측(9시) 방향으로 튼다.
❹ 왼손으로 자신의 손목이나 상대 팔을 잡고 어깨에 대어 당겨 꺾는다.

▶ 탄력적으로 몸을 뺀 후 원심력을 이용 상대 팔을 밀고 회전한다.

▲ 준비

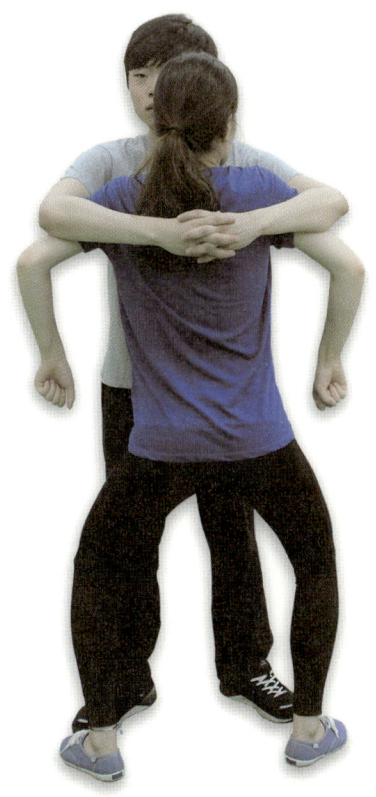

▲ 1

▲ 2-1

▲ 2-2

▲ 3

▲ 4-1

▲ 4-2

▲ 5

PART 01 호신술 69

뒤에서 껴안을 때

1. 손가락 젖혀 꺾기
'깍지를 끼고 잡았을 때'

요령

① 왼손으로 상대 손등을 잡고 오른손 무지구를 그의 중지中指에 밀착한다.
② 손가락을 밀어 젖혀 깍지를 풀고 왼손으로(손등이 보이는 쪽으로) 잡는다.
③ 오른발을 앞으로 내디디며 오른손(손등이 바깥쪽)으로 그 손목을 잡는다.
④ 왼발을 뒤로, 몸을 180도 회전하여 손목을 당기며 손가락을 뒤로 젖힌다.

▸ 손가락이 잘 떼어지지 않을 때는 새끼손가락이나 젖히기가 용이한 다른 손가락을 젖혀 꺾을 수 있다.

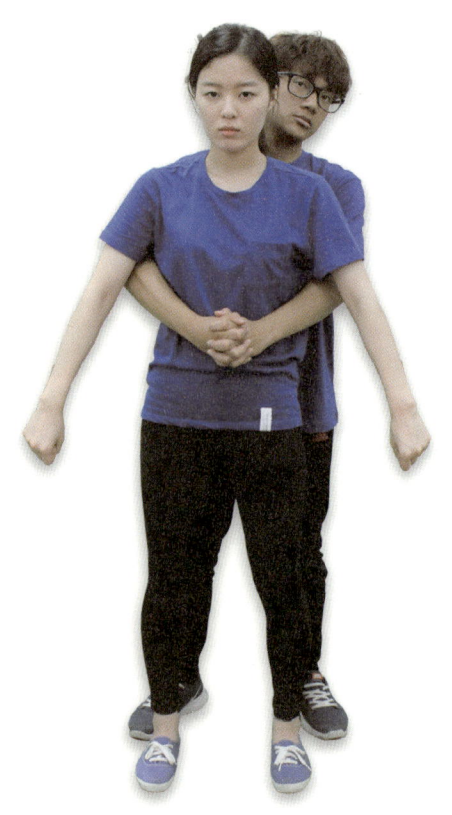

▲ 준비

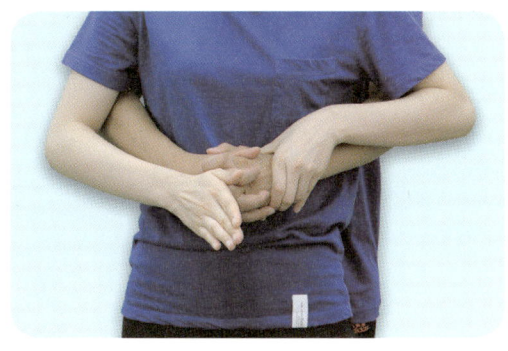

▲ 1

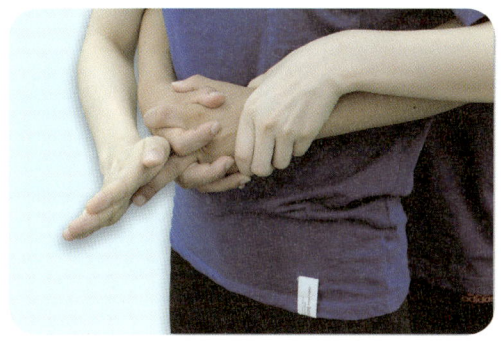

▲ 2

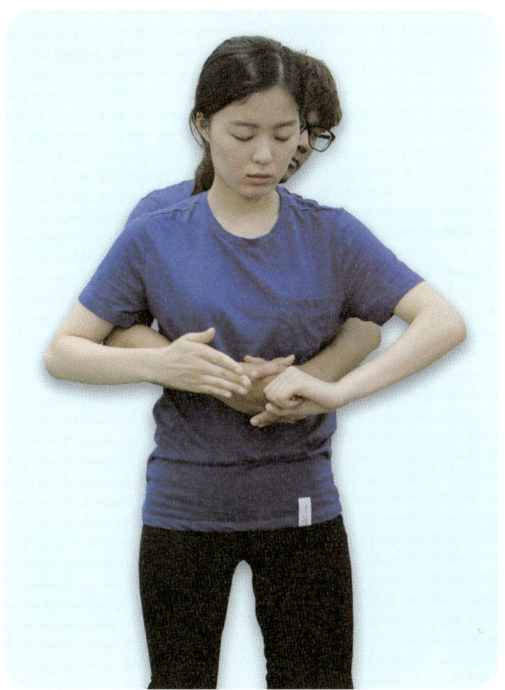

▲ 3

▲ 4

PART 01 호신술

▲ 5-1

▲ 5-2

▲ 6

▲ 7-1

▲ 7-2

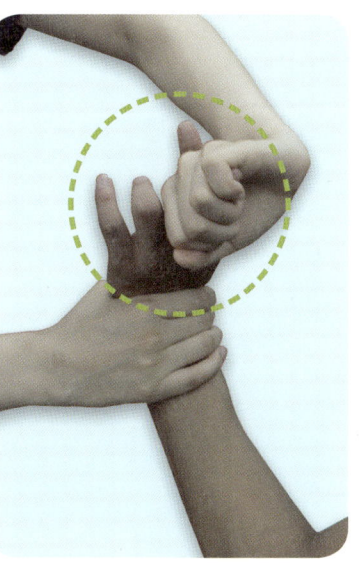

▲ 7-3

PART 01 호신술 **73**

2. 손목 비틀어 꺾기

'상대가 자기 오른손으로 왼 손목을 잡고 안았을 때'

> **요령**

① 오른손은 상대 왼쪽 손날 부위를(엄지가 손등으로) 잡는다.

② 왼손은 그의 엄지 부위를(엄지가 손바닥으로) 잡는다.

③ 잡은 손을(손바닥이 위를 향하게) 틀어 손목을 뺀다.

④ 왼쪽 겨드랑이에 상대 팔을 끼고 오른손을(왼손과 동일하게) 잡는다.

⑤ 양손으로 상대 손등을 잡고 안쪽으로 비틀면서 손목을 당겨 꺾는다.

▶ – 상대가 주먹을 쥐고 잡았을 때도 방법은 동일하다.
　– 좌, 우측 손을 바꿔 잡았을 때는 그 반대로 잡고 동일한 방법으로 한다.

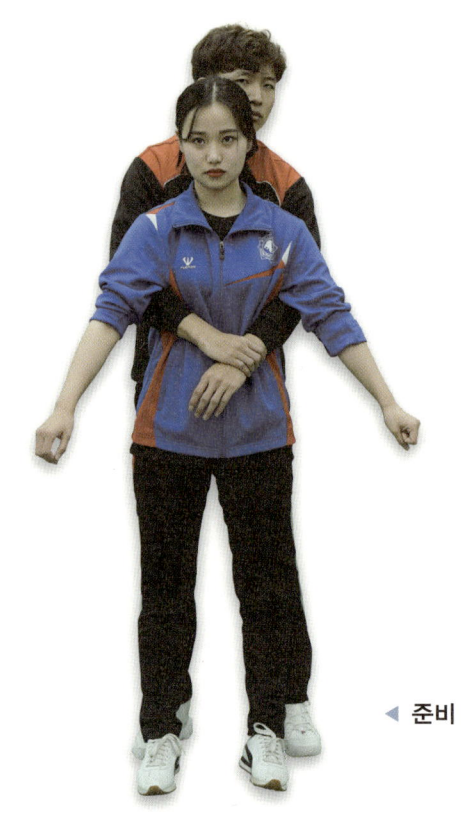

◀ 준비

▲ 1-1

▲ 1-2

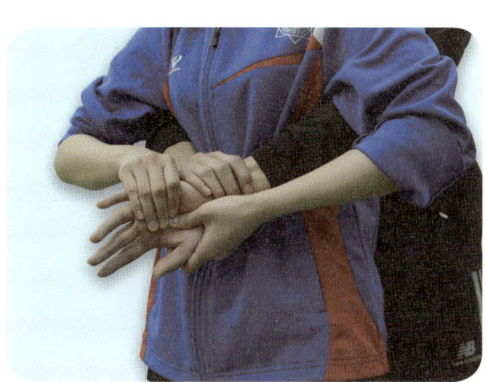

▲ 2

▲ 3

PART 01 호신술 **75**

▲ 4

◀ 5-1

▲ 5-2

76 호신술의 완성

3. 뒷다리 막고 넘기기

'팔을 감싸 안았을 때'

> **요령**

❶ 양어깨를 위로 올리면서 무릎을 낮춰 상대로부터 몸을 뺀다.
❷ 오른손으로 상대 우측 대퇴부를 잡고 왼발을 옆으로 이동한다.
❸ 오른발을 상대 뒤로 넘겨 그의 양다리를 완전히 막는다.(이때 왼손은 상대 좌측 앞 대퇴부를 잡는다.)
❹ 팔과 어깨 등 상체의 힘을 가하여 상대를 뒤로 밀어 넘긴다.

▶ 상체에 체중을 싣고 신체 중심을 뒤로 쏠리게 하여 힘을 가중시킨다.

◀ 준비   ◀ 1

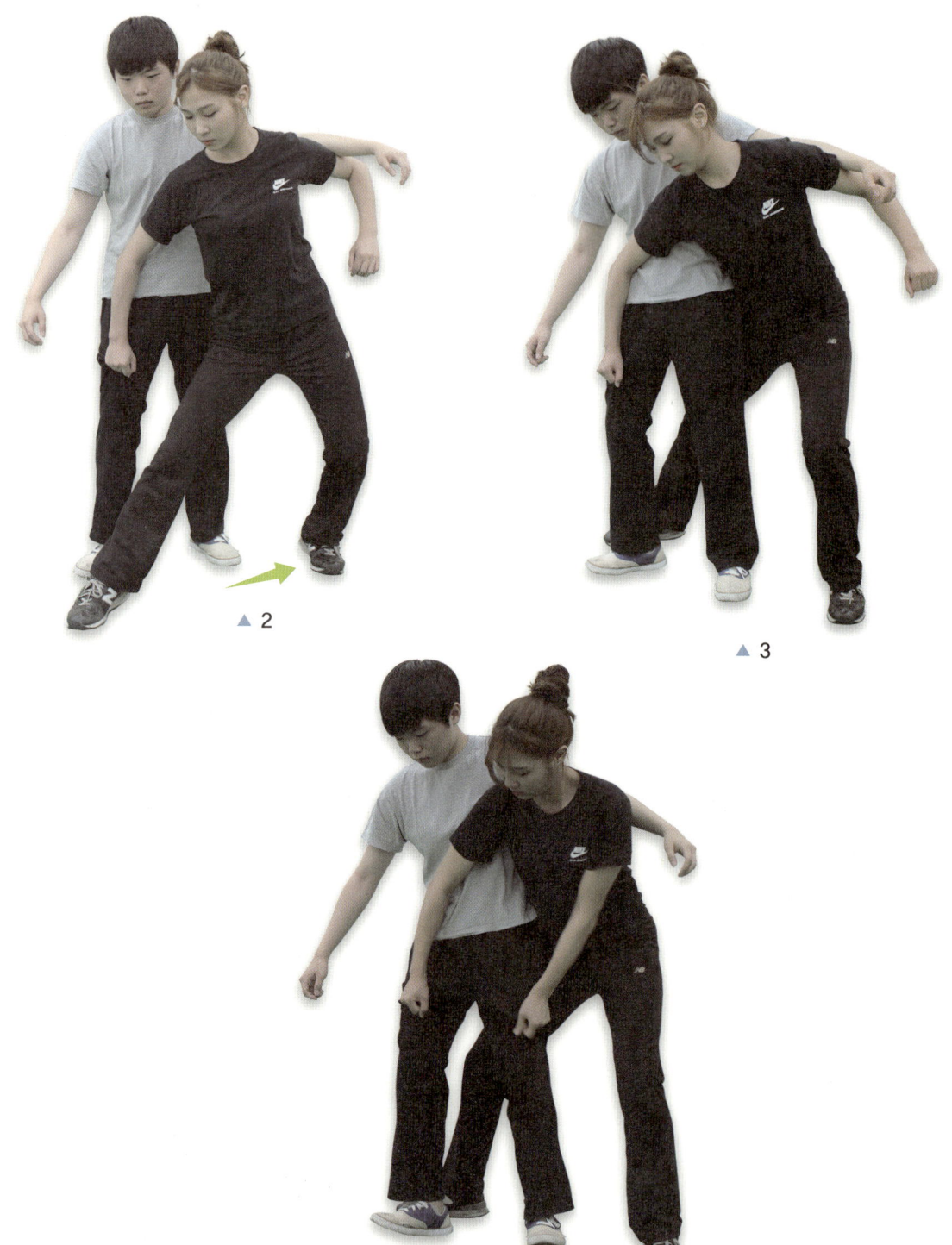

▲ 2

▲ 3

▲ 4-1

78 호신술의 완성

▲ 4-2

▲ 5

▲ 6

 옆에서 껴안을 때

허리 안아 메치기
'오른쪽에서 왼팔로 안았을 때'

요령

1. 오른팔을 상대 팔 밑으로 깊이 넣어 허리 또는 등 부위를 잡는다.
2. 왼손은 상대 오른팔 상단을 잡고 양발을 상대 발 안쪽에 딛는다.
3. 양팔로 상체를 끌어당겨 자신의 등에 바짝 붙이고 무릎을 낮춘다.
4. 무릎 반동을 이용 상대를 메친 후 그의 팔을 잡고 가로로 눕는다.
5. 엉덩이를 상대 몸(측면)에 바짝 붙이고 팔꿈치를 하복부에 올린다.
6. 엉덩이를 위로 쳐들면서 양손으로 손목을 잡고 당겨 팔을 꺾는다.

▶ 유도 메치기 기술의 '허리 껴치기'와 굳히기 기술의 '팔 가로누워 꺾기'를 인용한 기술이다.

▲ 준비

▲ 1

▲ 2

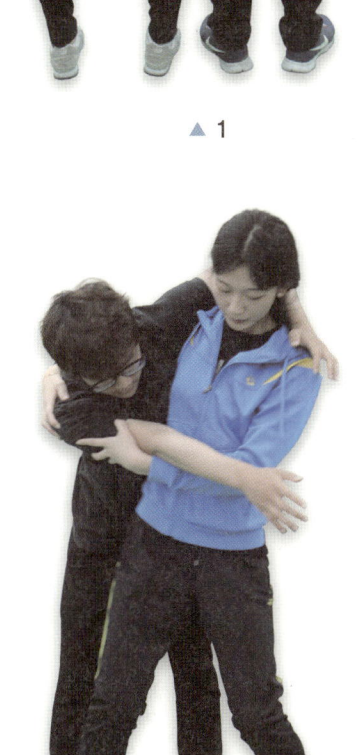

▲ 3

▲ 4

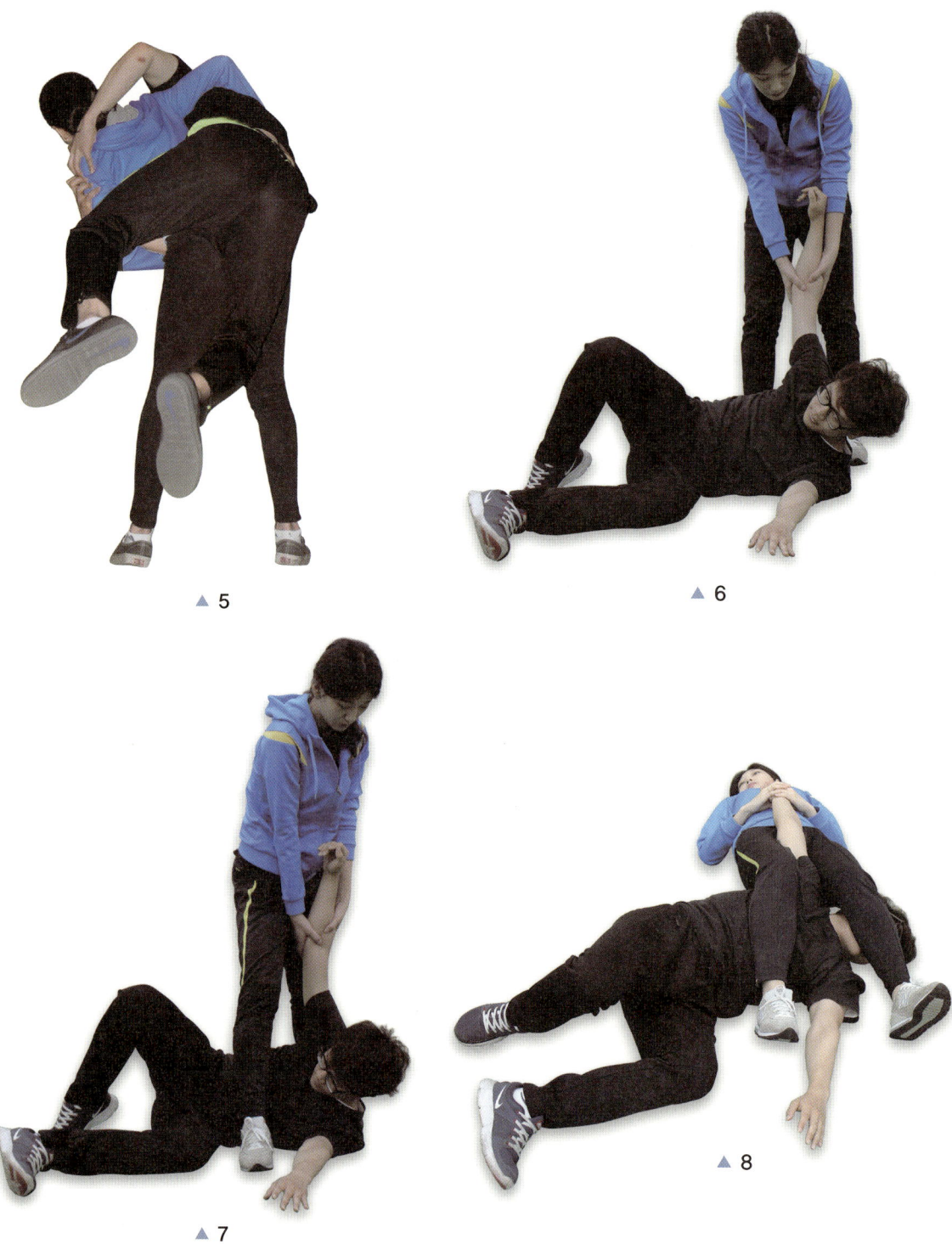

▲ 5   ▲ 6

▲ 7   ▲ 8

82 호신술의 완성

발차기로 공격할 때

1. 다리 잡고 안다리 걸기
'오른발로 하반신을 공격해 올 때'

요령

① 오른발을 앞에 내딛고 왼팔로 상대 다리 안쪽을 막으며 몸을 10시 방향으로 튼다.
② 동시에 막은 팔을 돌려 다리를 받쳐 잡고 오른손은 그 위(대퇴부) 부위를 잡는다.
③ 몸을 상대 앞으로 가까이 전진하여 오른쪽 다리로 상대의 안다리를 걸어 메친다.

▶ 발 공격이 가해질 때 직접적인 타격을 입지 않기 위해서는 동시에 몸을 옆(우측)으로 피하면서 공격을 차단하는 타이밍(timing)이 중요하다.

▲ 준비

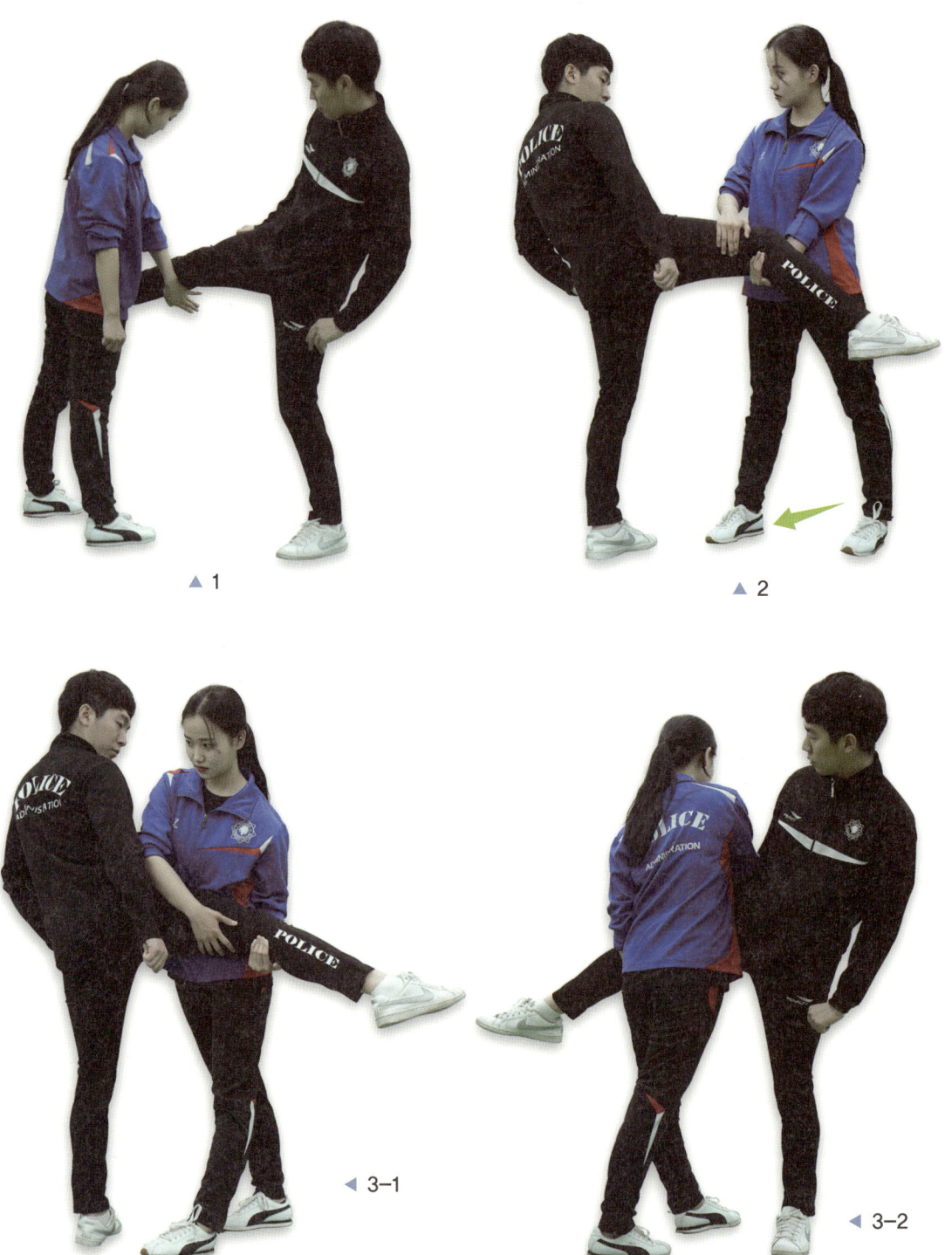

▲ 1　　　　　　　　　　　　　　▲ 2

◀ 3-1　　　　　　　　　　　　　◀ 3-2

84　호신술의 완성

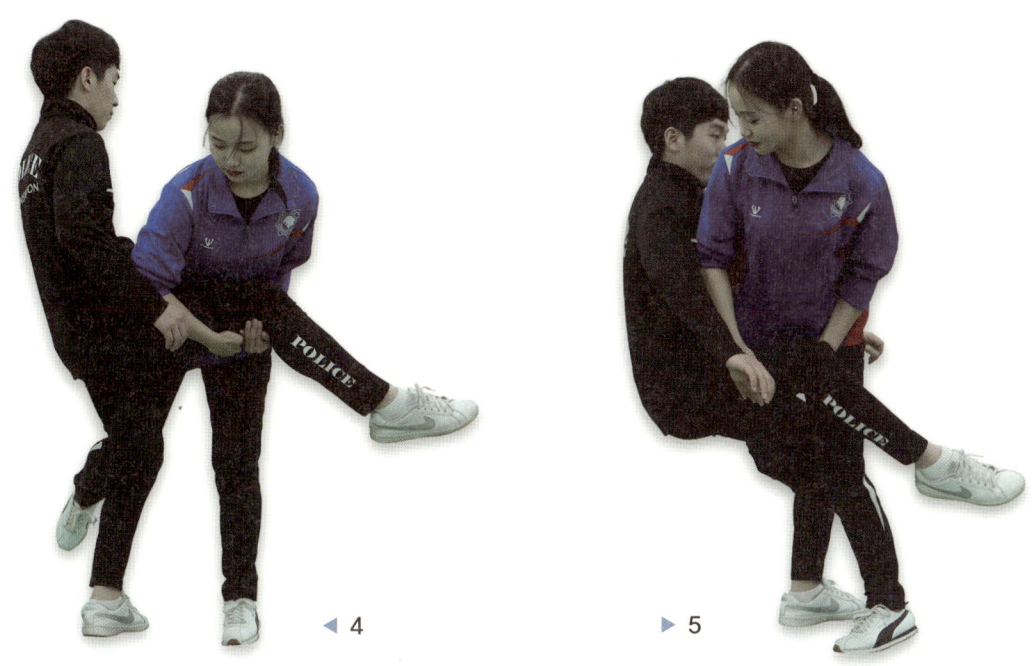

◀ 4   ▶ 5

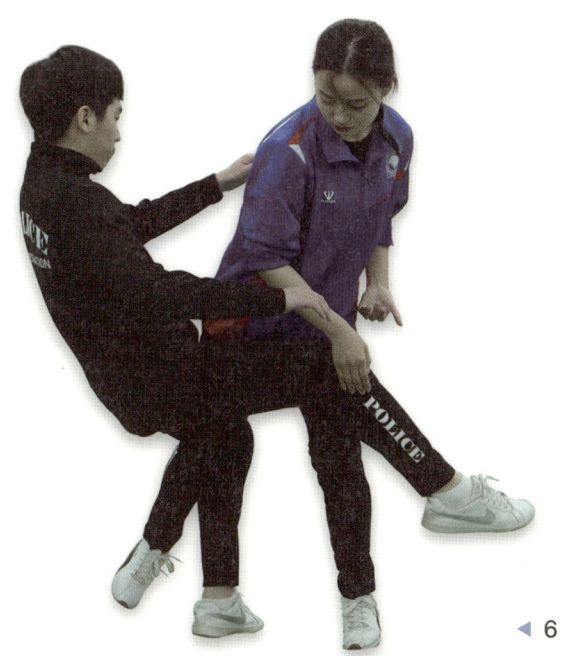

◀ 6

흉기로 공격할 때

칼(흉기) 공격의 유형

- **대치**
  칼이나 흉기 등을 도구로 이용, 쌍방이 공수攻守에 능동적으로 대처하며 첨예하게 맞서 있는 상황.(일반적인 대결구도)
- **위협**
  과도, 권총 등으로 사람의 신체를 위협, 항거 불능케 하여 욕구나 목적을 관철하기 위한 수단.(강도, 강간, 협박, 인질범죄 등)
- **기습**
  무의식 상태이거나 무방비 상태에 있는 사람에게 갑자기 들이닥쳐 흉기로 공격하는 행위.(계획범죄, 맹목적인 '묻지마' 범죄 등)

1. 위에서 내리 찌를 때

'팔 끼고 손목 꺾기'

요령

❶ 오른발을 앞에 내디디며 몸을 우측으로 피하면서 왼팔로 상대 팔을 막는다.

❷ 동시에 양손으로 그의 손목을 잡는다.(이때 몸은 좌측 9시 방향으로 튼다.)
❸ 오른발을 뒤로 빼면서 상대 팔을 시계 방향으로 끌어당긴 후 왼발로 상대 앞을 막고 몸을 우측(3시 방향)으로 틀면서 상대 팔을 왼쪽 겨드랑이에 낀다.(이때 팔은 180도 틀어진다.)
❹ 체중을 실어 팔꿈치를 누르고 오른손으로 손목을 세로로 눌러 꺾는다.

▷ 상대와 첨예한 대결 구도에 있을 때는 현장의 상황과 지형지물 등을 이용하여 공수攻守에 유리한 위치를 선점하는 것이 전략적으로 매우 중요하다. 자세는 보다 안정적인 '자호체'를 취하여 신체 중심을 견고히 하고 시선은 상대를 예리하게 응시鷹視하며 잠시도 상대에게서 눈을 떼서는 안 된다. 그리고 상대의 행동이나 공격 수위에 따라 적절히 간격을 조절하면서 대응한다.

　　러시아의 국민적 작가 알렉산드르 푸시킨(Aleksandr Pushkin, 1799~1837)은 1837년 2월 8일 아내를 탐하는 '조르주 단테스'와의 결투에서 냉정을 잃고 격분하여 무모하게 상대에게 접근하다가 먼저 쏜 상대 총탄에 맞아 숨졌다. 이 일화는 극도의 긴장 상태에서 침착하지 못한 행동이 패배를 자초한 결과로서, 이는 곧 죽음으로 귀결된다는 교훈을 일깨워준 사건이다.

▲ 준비

▲ 1-1

▲ 1-2

▲ 2

▲ 3-1

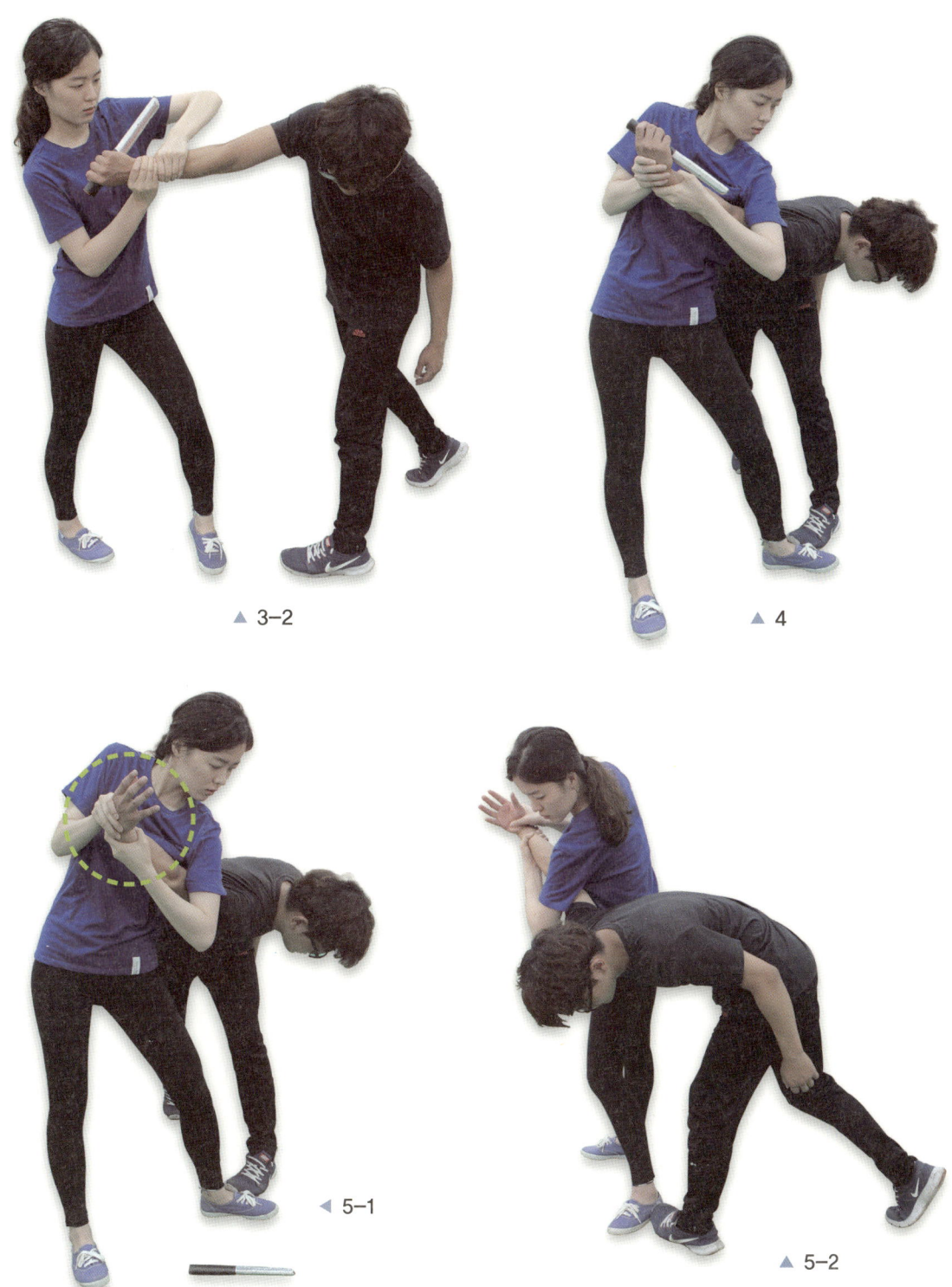

▲ 3-2

▲ 4

◀ 5-1

▲ 5-2

PART 01 호신술 **89**

2. 복부를 찌를 때

'밭다리 걸어 메치기'

> **요령**

① 몸을 왼쪽으로 피하면서 왼팔 팔등으로 상대 팔을 막는다.(이때 몸의 방향은 3시 방향이다.)

② 몸을 상대 쪽으로 틀며 왼손은 상대 팔(겨드랑이 부위)을 잡고 오른손은 엄지와 검지를 벌려 상대 앞 목을 찌른다.

③ 오른발로 상대 밭다리를 걸어 메친 후 곁누르기로 누르면서 상대 팔을 대퇴부에 대고 눌러 주관절을 꺾는다.

▶ – 반사적으로 몸을 옆으로 피하면서 상대의 공격(위험요소)을 차단한다.
  – 숙련된 기술과 고도의 집중력 그리고 민첩한 동작이 기술의 핵심이다.

▲ 준비

▲ 1

▶ 2-1

▶ 2-2

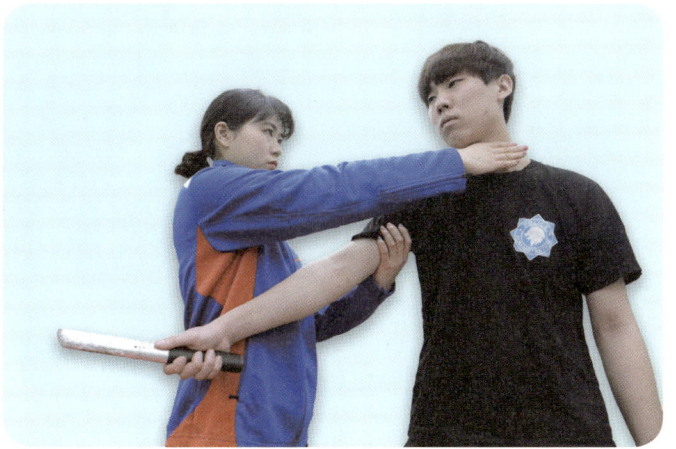

PART 01 호신술 **91**

▲ 3   ▲ 4

◀ 5

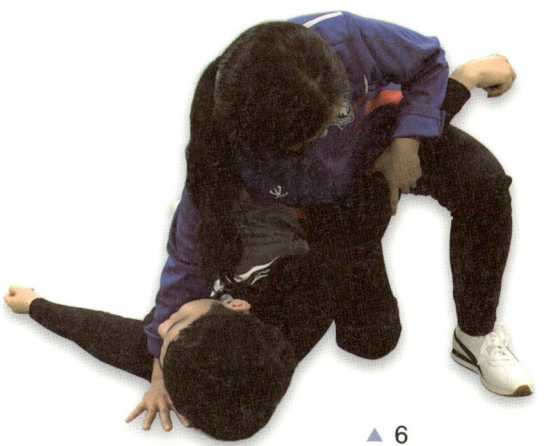
▲ 6

▲ 7-1

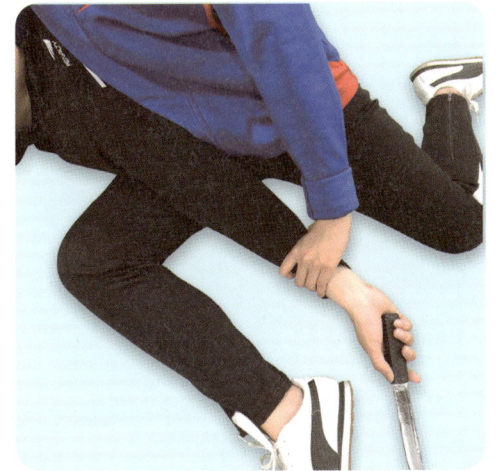
▶ 7-2

PART 01 호신술 **93**

3. 복부에 대고 위협할 때

1) 휘돌아 팔 비틀어 꺾기

> **요령**

❶ 양손으로 상대 손목을 잡음과 동시에 몸을 뒤로 빼어 칼과 간격을 벌린다.(이때 상대의 힘이 팔에 집중되면서 신체 중심이 앞으로 쏠린다.)
❷ 몸을 1시 방향으로 틀며 손을 위로 쳐들고 왼발을 상대 좌측 발 앞에 내딛는다.
❸ 오른발을 시계 방향으로, 몸을 360도 크게 회전하여 상대 좌측 편에 선다.(이때 상대 팔은 180도 틀어진다.)
❹ 오른손으로 상대 손 아래쪽(엄지 부위)을 위로 쳐들면서 왼손으로 손목을 누른다.(상대 팔을 뒤로 당기면서 더 낮출수록 기술의 완성도가 높아진다.)

▷ 상대가 공격의 주도권을 빼앗기지 않으려고 힘을 가할 때, 그 힘을 역(逆)이용하는(작용과 반작용) 원리를 이용한 기술이다.

▶ 준비

▲ 1

▲ 2

◀ 3

PART 01 호신술 **95**

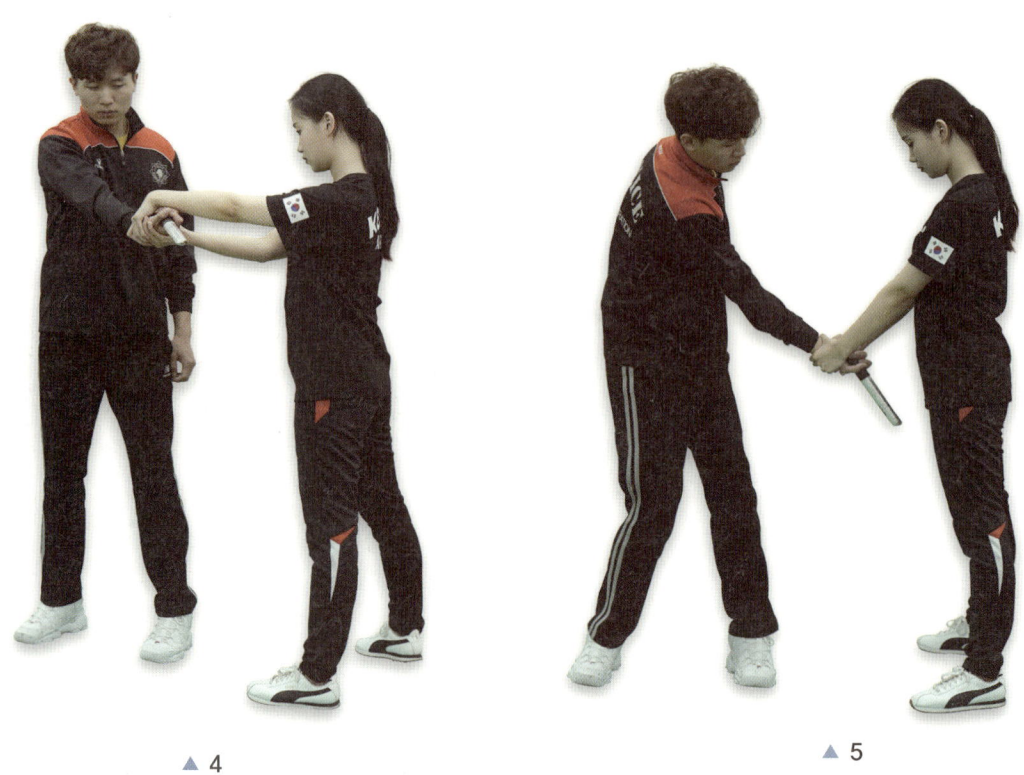

▲ 4   ▲ 5

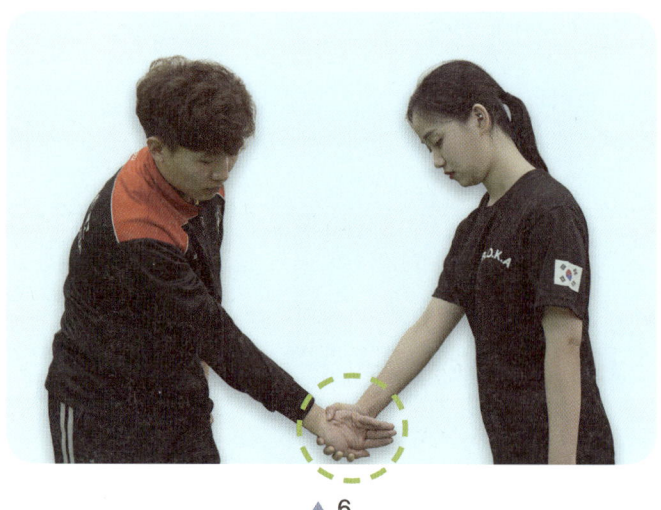

▲ 6

▲ 7

◀ 8-1

▶ 8-2

2) 팔 비틀어 꺾기

> **요령**

① 양손으로 상대 손목을 잡음과 동시에 몸을 뒤로 밀어 칼과 간격을 벌린다.(이때 상대의 힘이 팔에 집중되면서 신체 중심이 앞으로 쏠린다.)

② 왼발로 상대 앞을 막고 몸을 우측(3시 방향)으로 틀면서 상대 팔을 왼쪽 겨드랑이에 깊이 낀다.(이때 왼팔 팔꿈치로 상대 안면을 가격할 수 있다.)

③ 오른손으로 상대 손목을 안(몸)쪽으로 비틀어 팔을 꺾는다.(이때 받치고 있는 왼팔을 동시에 위로 쳐들어 줄 때 '지렛대의 원리' 효과가 더 크게 나타난다.)

▶ 위기를 기회로 반전시킬 때는 상대를 압도할 수 있는 예리한 직관력과 자신감을 갖고 기민한 몸동작으로 상대의 정곡을 급습해야 한다.

▲ 준비

▲ 1-1

▲ 1-2

▲ 2

PART 01 호신술 99

▲ 3

▲ 4

▲ 5-1

▲ 5-2

4. 봉으로 공격할 때

'오금 당겨 넘기기'

> **요령**

① 몸을 옆으로 젖혀 봉을 피하면서 신속하게 상대 앞으로 다가간다.
② 몸을 낮추고 양팔로 상대 다리오금을 잡아 자신의 몸에 밀착한다.
③ 몸을 앞으로 밀면서 오금을 끌어 당겨 상대를 뒤로 넘긴다.

▶ 일명 '태클(tackle)' 공격이라고 한다. 첨예한 대치(대결) 상황에서 상대와 마주하고 있을 때는 절대 상대에게서 시선을 떼어서는 안 되며, 민첩한 동작으로 공수의 타이밍을 포착해야 한다.

▲ 준비

▲ 1

▲ 2

▲ 3

▲ 4

▲ 5

▲ 6

chapter 2
성폭력 예방과 대처법

- 서론
- 성폭력 대처법
- 소아 청소년 성폭력

서론

1. 성폭력의 개념

성폭력이란 성性을 매개로 가해지는 신체적·정신적·언어적인 폭력으로서 성性적인 개인의 법익과 자기결정권을 강제적으로 침해하는 행위이다.

인간의 성(sexuality)은 인격적인 요소와 정신적인 가치, 그리고 윤리적인 기준에 존엄성을 두고 있으며 궁극적으로는 이성간의 보편적인(에로스 Eros) 성性과, 육체적인 쾌락을 추구하는(에피쿠로스 Epicouros) 성性도 있는 것이다.

성 충동은, 테스토스테론(Testosterone) 등 남성호르몬의 작용에 의해 생성되며 성폭력 범죄는, 성욕에 대한 자아 욕구를 스스로 억제하지 못하거나 성도덕과 윤리의식 결여, 성도착性倒錯 장애 등에 의해 성을 비이성적인 방법으로 착취하는 것을 말한다.

특히 왜곡된 성性 인식과 사회 저변에 만연돼 있는 차별적 가치관은 봉건적인 집단 이기심과 남성 중심의 성문화를 양산하여 성 정체성을 퇴색시키고 성을 힘의 우열로 나누어 약자弱者의 성을 물리적으로 유린하는 사회적 병폐로 대물림하기에 이른 것이다.

성폭력 범죄의 특징은 대개 피해자와 가해자가 아는 사람, 즉 면식범이 다수이며 특히 피해자가 신고를 기피하는 경향이 많기 때문에 범죄 은폐로 인한 공식 통계(신고 건수)보다 잠재적인 실제 발생 건수(暗數)는 훨씬 더 초과될 것으로 추정하고 있다.

▶ 성도착증性倒錯症이란, 양극성 장애로 인해 판단력을 상실하거나 너무 억압적인 환경에서 성장하여 오이디

푸스 콤플렉스(Oedipus complex)가 강한 경우 성도착 장애로 나타날 수 있으며 대개 노출증, 절시증, 관음증 등 비정상적인 방법으로 성적 환상과 욕구를 충족시키는 병적인 행위를 말한다.

최근 5년간 성폭력 발생건수: 2013년-2만 8786건, 2014년-2만 9517건, 2015년-3만 651건, 2016년-2만 8993건, 2017년-3만 2272건으로 전년도 대비 12%(3279건) 증가하였으며 이중 면식범이 22.5%(지인 31%, 친구 15%, 애인 14%, 직장동료 14%)이다.(2018년, 경찰청 자료)

한국의 성폭력 범죄율은 세계 2~3위권으로 미국 국무부 인권보고서(2009년 3월)에 성범죄 국가로 등재되었고, OECD 30개 회원국 중 '여성 치안 위험국'으로 올라 있다. 또한 한국 여성의 자유로운 삶을 위협하는 스트레스로서, 성폭력(94%)이 1위로 랭크되어 있다.

2. 성폭력의 유형

1) 성폭력

상대방의 의사에 반하여 물리력이나 불법적인 수단으로 신체 등에 가해지는 성적인 행위로서 포괄적인 성범죄를 말한다.

2) 성희롱

성적인 언어나 행동 등으로 상대방에게 성적 굴욕감을 느끼게 하는 행위로서 성희롱에는 다음과 같은 유형이 있다.

❶ 육체적 행위: 신체를 접촉하거나 특정 신체 부위를 만지게 하는 행위 등
❷ 언어적 행위: 음란한 농담이나 음담패설, 음란전화 등으로 수치심을 주는 행위
❸ 시각적 행위: 외설적인 사진, 그림, 낙서, 출판물 등을 보여 주거나 또는 자신의 신체 특정 부위를 고의적으로 노출하는 행위 등

3) 성추행

성욕을 자극하거나 흥분을 목적으로 신체를 접촉하는 일체의 음란행위로서 성적인 수치심과 혐오감을 유발하는 행위를 말한다.

▶ 범죄 위험에서 안전하다고 생각하는 여성은 6.8%인 반면, 불안한 여성은 69.5%로 조사되었다.(2012년, 통계청) 또한 성인 여성 3500명 중 19.5%가 강간, 강간미수, 성추행 등의 신체적인 성폭력을 경험한 것으로 나타났다.(2013년, 여성가족부 통계)

3. 성폭력의 원인

성폭력 범죄는 성 도덕이 실종된 우리 사회의 종속적인 문화와 위계질서에 의한 상하上下관계 구조에서 어른과 아이, 상사上司와 부하, 지배자와 피지배자 등 이른바 갑을甲乙 간의 권위와 우월적 지위에서 비롯된 성 차별적 권력구조의 산물이다.

특히 여성의 성적性的 주체를 남성의 욕망 분출 도구나 가부장적인 이데올로기 논리로 왜곡, 남성은 본능적이거나 충동적 욕구 행위로 호도하는 등의 편협한 사회적 통념과 선민의식, 그릇된 가치관으로 남녀의 성 균형이 붕괴된 것도 원인이다.

또한 학교나 직장 등 사회 전반에 체계적인 성폭력 예방 교육 및 프로젝트가 미흡하고 특히 우범(재범)자에 대한 무관심과 관리소홀, 범람하는 외설(영상)물 등 성적인 환상을 자극하는 사회 환경적인 요소도 성범죄를 조장하는 모티브로 작용한다.

▶ 보통 강간죄는 폭행, 협박 등 물리적인 방법으로 간음하였을 때 범죄가 성립되지만 '업무상 위력에 의한 간음죄'는 폭행이나 협박이 없어도 상하上下 관계가 뚜렷한 위계구조에서 상급자가 지위나 권세를 이용하여 상대 의사에 반反하는 간음을 하였을 때는 범죄가 성립되며, '피 감독자 간음죄(형법 제303조 1항)'는 업무, 고용 기타 관계로 인하여 자기의 보호나 감독을 받는 부녀자에 대하여 위계 또는 위력으로 간음하는 것을 말한다.

이와 같은 권력형 성폭력은 권력을 범죄 은폐장치로 악용하여 약자에게 군림하고 간음이나 추행을 자행해도 대부분의 피해 여성들은 대의명분이나 조직을 위해 개인의 희생을 감수하는 것이 보편적인데, 이는 우리 사회의 권력구조가 만들어 낸 세뇌 집단의 폐해이다.

성범죄자의 66.5%는 여성이 필사적으로 저항하면 성폭행을 피할 수 있다고 생각하며, 63.2%는 성폭력을 남성의 본능적인 행위로 왜곡하는 등 전체 성범죄자의 37.9%가 성폭행의 책임을 피해자에게 전가하는 것으로 나타났다.

4. 개선책

성폭력 피의자를 일정 기간 구금하고 처벌을 강화하는 등의 형벌 만능주의적인 제도나 국민의 법 감정 등 사회적 공분公憤에 기초한 응징 수단으로는 피의자에 대한 교화教化는 물론 성범죄를 퇴치할 수 있는 근본적인 해결책이 될 수 없다.

대다수 범법자들은 형벌의 공포보다 사회집단 등의 내면화된 윤리적인 심리작용에 의해 범죄 충동을 억제하므로 근시안적인 중형주의나 물리적인 형벌로는 완전범죄를 추구하는 범인으로부터 사회(성범죄)를 방어하는 데는 한계가 있는 것이다.

성범죄는 재범 위험성이 높은 만큼 형기刑期 중에는 반드시 전문적인 재활(심리) 치료는 물론 잠재적(정적靜的)인 위험요소와 역동적 위험성(고위험군)을 선별, 출소 즉시 유기적인 관리체계를 통해 추가 범죄로부터 또 다른 피해를 막아야 한다.

궁극적으로 성 범죄자에 대한 재범 예방 프로젝트를 강화하여 사회복귀 후, 보호관찰 및 구조적인 사회안전망 등 보안 시스템을 확충하고 성폭력에 대한 사회적인 문제 인식을 개선하여 피해자의 인권보호 등 제도적인 장치를 구축해야 한다.

성폭력 범죄에 대한 재범 예방의 일환으로 다양한 제도와 프로젝트가 시행되고 있다.
- 위치추적전자장치(전자발찌) 부착제도 — 2008년 9월 시행
- 성범죄자 신상정보 (인터넷) 공개 — 2010년 1월 시행
- 아동 대상 성폭력 범죄 최고 무기징역으로 형량 확대 — 2010년 7월 시행
- 성범죄자 등 흉악범 유전자(DNA) 정보 채취 데이터베이스 구축 — 2010년 7월 시행
- 성충동 억제 약물치료(화학적 거세) — 2011년 7월 시행

▶ - 현재 국내 성폭력 피해자에 대한 제도적 보호조치로는 응급치료와 심리치료를 전담하는 원스톱 지원센터와 해바라기센터 36곳이 전국에서 운영되고 있다. 특히 아동, 청소년 성폭력사건은 초등 단계의 진술 녹화를 시행하면서 피해자가 수사, 재판 등의 절차로 인해 이중의 피해를 입지 않도록 하는 조치가 이뤄지고 있다.
- 영국은 다기관공공보호협의체(MAPPA) 제도, 즉 수사기관과 교도소, 지자체, 의료기관이 함께 참여해 상습적인 성폭력범을 출소 전부터 철저히 관리하는 시스템을 시행하고 있고, 미국은 성범죄자의 몸무게, 눈 색깔, 문신 종류, 거주지의 골목까지 인터넷에 공개한다. 프랑스는 성폭행 피해자가 15세 이하일 경우에는 무조건 20년 이상 징역형으로 다스리며, 스위스는 아동 성폭력범을 무조건 종신형에 처하는 법안이 국민투표로(2004년) 가결되었다.

성폭력 대처법

1. 기본 수칙(manual)

 범인은 본능적으로 자신이 범행하기 쉬운 상대를 물색하기 때문에 위험이 닥쳤을 때는 겁에 질린 표정이나 약한 모습을 보여서는 안 된다. 위기상황에서 너무 소극적으로 대응하게 되면 범인은 더욱 공세적으로 행동할 수 있다.

 불시에 위급한 상황에 처하게 되면 우리 몸의 자율신경계가 극도로 흥분하여 이성적인 판단이 어려울 수 있으므로, 평소 담력과 강인한 정신력을 배양하여 위험한 상황에 봉착했을 때는 과감하게 위기를 극복할 수 있어야 한다.

1) 위기 대응과 대처
- 겁을 먹거나 당황하지 않는다.
- 침착성과 냉정을 잃지 않는다.
- 담대하고 능동적인 자세로 임한다.
- 강인한 정신력과 자신감으로 무장한다.
- 당찬 기세로서 상대의 심리를 압도한다.
- 불굴의 투지와 용기로 의연하게 맞선다.
- 직관적인 상황 판단으로 기민하게 행동한다.

🔷 2006년 미국 워싱턴대학의 '여성호신술세미나'에서 한 심리학자는 "위험한 상황에서 부끄러움이나 체면 따위는 절대 생각할 필요가 없다."고 했다. 미친 듯이 악을 쓰고, 주먹과 핸드백으로 상대를 때리거나 구두를 벗어 던지고 달아나기를 주저해서는 안 된다는 것이다. 이와 같이 완강하고 저돌적으로 응수할 때 상대가 당황하여 비로소 행동을 주춤거리거나 범행을 포기할 수 있다는 뜻이다. 즉 전쟁을 막으려면 전쟁을 겁내지 않아야 하며, 죽기를 각오할 때 살 수 있다(必死則生)는 강인한 정신력으로 용기와 기개를 발휘하여 위기상황을 과감하게 돌파해야 한다는 것이다.

2) 위기 극복과 탈출

범인에게 물리적으로 대항할 수 없다고 판단되면 대화로서 상대를 안정시키며 안전한 곳으로 유도하여 사람들의 도움을 받거나 탈출할 수 있는 기지를 발휘한다.

- 평소 위험한 상황에 대처할 수 있는 '이미지 트레이닝'을 머릿속에 구상해 놓는다.
- 구토를 호소하는 등 심한 거부감을 줄 수 있는 제스처나 임기응변에 능해야 한다.
- 갑자기 이성을 잃은 사람처럼 괴성을 지르며 거친 행동으로 상대를 당황케 한다.
- 심각한 질병이나 전염병을 보유한 환자처럼 행세하는 등 고육책을 동원한다.
- 유사시 구조 요청에 필요한 긴급전화(112 또는 지인 전화)를 단축키로 저장해 둔다.

🔷 – 미국 성폭력대처전국협의회(NCASA)가 내놓은 가이드라인(guide line)에서는 위험한 상황에 처했을 때, 자기방어를 위한 육체적인 훈련도 중요하지만 가해자를 심리적으로 압도할 수 있는 담력과 화술話術 등 임기응변에도 능해야 하며, 특히 어떠한 경우라도 포기하지 말고 끝까지 싸우라고 권고하고 있다.
– 2012년 미국 최고의 여성 프로파일러(profiler, 범죄행동분석관) 팻 브라운(Pat Brown)은, "만약 살인범과 마주치면 죽을 힘을 다해 싸워야 한다. 달아나거나, 소리를 지르거나, 차에서 뛰어내려라. 현장을 벗어날 수 없다면 그에게 작은 상처(증거)라도 남겨라."라고 했다.
(현재 우리나라에서 발생되는 살인·강도·성폭력 등 강력범죄의 피해자 중 여성이 88.9%로서 다른 나라에 비해 여성 피해자의 비율이 높은 편이다.)

2. 예방과 대처

1) 인적이 드문 장소에 혼자 갈 때는 주변에 수상한 사람이 있는지 주의를 기울인다

사람이나 차량 통행이 드문 골목, 공터, 공원, 정류장 등 한적한 장소에는 밤낮으로 범인들이 노리는 치안 사각지대가 많기 때문에 혼자 이런 곳을 가게 될 때는 수상한 사람이 있는지 주변을 살피고 불시에 습격을 당하지 않도록 경계심을 강화한다.(살인사건의 18.8%, 강간의 16.6%는 길거리에서 발생하며, 주거지 다음으로 발생 빈도가 높다.)

▶ 범인들이 범행 대상과 장소를 물색할 때는,
- CCTV 등 보안 장치가 없고, 감시가 소홀한 곳
- 목표물에 쉽게 접근하고 범행하기에 용이한 곳
- 증거인멸 및 도주하기 쉬운 곳
- 범죄 대상의 가치와 충족 정도

피해 사례

▶ 2012년 4월 1일 22시 50분경, 경기도 수원시 팔달구 지동초등학교 부근 길가에서 피의자 O(42세)는 여성을 납치할 목적으로 전봇대 뒤에 숨어 있다가 귀가하던 피해자 K(여, 28세)씨를 발견하고 갑자기 나타나 덮쳐 넘어뜨리고 인근 자기 집으로 끌고 가 성폭행을 하려다 실패한 후 피해자를 잔혹(엽기)하게 살해했다. 범인은 국내 곳곳을 전전하면서 막노동을 하는 중국 조선족이다.

▶ 2012년 7월 12일 08시경, 제주도 서귀포시 성산읍 시흥동 올레길 입구에서 피의자 K(46세)는 이곳을 산책하던 피해자 A(여, 40세)씨를 발견, 범행을 계획하고 사람들 눈에 잘 띄지 않는 올레 코스 중간 지점에 미리 가서 기다리고 있다가 08시40분경 피해자가 나타나자 달려들어 피해자를 숲속으로 끌고 가 성폭행을 시도하였으나 반항하자 목 졸라 살해하였다.(성폭행 사건의 경우 사람들이 보통 안전하다고 생각하는 아침과 낮 시간대에 전체 발생 건수의 23.5%가 발생하였으며, 오후 6시~9시에 10.2%가 발생했다.)

2) 집 안 문단속을 철저히 하고 저층 주택은 출입문 보조키와 방범창을 설치한다

주야晝夜에 관계없이 주거의 출입문과 창문 등의 문단속을 철저히 하고 이를 생활화한다. 특히 원룸이나 저층에 거주할 때는 방범창은 물론 출입문에 보조 잠금장치를 반드시 설치해야 하며, 수시로 이상 유무를 확인한다.(살인사건의 45.3%, 강간 21.7%가 주거지에서 발생하며, 전체 발생 건수 중 비율이 가장 높다.)

◉ 서울 지역을 무대로 주로 빈집과 사무실 등 22군데에 침입하여 1억여 원의 금품을 훔친 일당 3명(2007년 10월 4일 검거)은 드라이버, 니퍼, 쇠톱 등 간단한 도구만을 사용하여 방범창을 쉽게 뜯어내고 침입할 수 있었다. 이러한 범행 수법에 주목해야 한다.

피해 사례

▶ 2004년 5월 16일 17시경 피의자 S(20세)는 서울시 중랑구 면목동 피해자 L(여, 22세)씨의 집 베란다 창문을 열고 들어가 혼자 TV를 보고 있던 피해자를 강제로 성폭행한 후 금품을 빼앗고 집에 불을 지른 것을 비롯하여, 2012년 4월까지 8년 동안 14차례에 걸쳐 혼자 사는 여성의 집에 들어가 피해자를 성폭행하고 총 950만 원 상당의 금품을 강취했다. 피의자는 자신의 집에서 반경 300미터 이내에 사는 20대 여성을 표적으로 삼아 피해자를 뒤따라 집안으로 들어가거나 빈집에 미리 침입하여 숨어 있는 수법으로 범행하였다.

▶ 경기 북부(의정부, 고양, 일산, 파주) 일대에서 부녀자 125명을 연쇄 성폭행하고 4000만 원 상당의 금품을 빼앗은 피의자 C(39세)는 주로 심야시간대에 혼자 귀가하는 여성을 뒤따라가거나 현관문이 열려 있는 집, 방범창이 허술한 집 또는 평소 눈여겨본 여성을 범행 대상으로 삼아 원룸이나 다가구주택의 가스 배관을 타고 침입하였다. 그는 2009년 7월 30일 12시 50분경 경기도 동두천시 생연동 A(여, 47세)씨 집에 열려 있는 출입문으로 침입하여 잠을 자던 피해자를 흉기로 위협, 성폭행하는 등 2000년 7월부터 2009년 7월까지 10년에 걸쳐 10~50대 여성들을 상습적으로 성폭행했으며, 일명 '발바리'로 알려졌다.

◉ 발바리 : 상습적인 성폭행범의 비속어

▶ 2005년 1월부터 2006년 1월까지 서울시 서북부 지역의 주택가를 무대로 부녀자를 상습적으로 성폭행한 피의자 K(31세)는 심야시간대에 집중적으로 발생하는 성폭력 범죄와 달리 주로 낮 시간을 이용, 범행하였다. 낮에는 비교적 문단속이 허술하고 대개 어린이나 여성 혼자 집을 지키는 경우가 많다는 점을 노리고 사전에 범행 대상을 물색, 침입하는 수법으로 2006년 1월 10일 16시경 서울시 마포구 신공덕동 L(여, 20세)씨 집을 현관문으로 침입, 자고 있던 피해자를 흉기로 위협, 성폭행하는 등 마포와 서대문 일대에서 모두 24차례에 걸쳐 성폭력과 강도 행각을 했다.

▶ 피의자 C(45세)는 낮에는 평범한 가장이고 회사원이지만, 밤에는 상습 성폭행범으로 돌

변하는 등 양면적인 생활을 해 왔다. 그는 2009년 7월 22일 새벽 3시 30분경 충북 청주시 홍덕구 원룸(2층)에 침입, 피해자 K(여, 26세)씨를 성폭행한 것을 비롯하여 2003년 5월부터 6년 동안 부녀자 45명을 연쇄 성폭행하고 금품을 빼앗았다. 주로 청주와 천안 일대의 원룸촌을 누비며 심야시간대에 혼자 사는 여성만을 표적으로 삼았고 2, 3층은 배관을 타고 올라갔다.

▶ 성폭력 범죄 발생시간 (2014년 서울시 기준)
- 심야 (00:00~04:00): 2330건 (27.3%)
- 새벽 (04:00~07:00): 637건 (7.5%)
- 오전 (07:00~12:00): 1615건 (18.9%)
- 오후 (12:00~18:00): 1587건 (18.6%)
- 초저녁 (18:00~20:00): 771건 (9.0%)
- 밤 (20:00~24:00): 1583건 (18.6%)
 (우리나라에서 강력범죄의 30% 이상은 심야 시간대에 발생한다.)

3) 낯선 사람의 차, 또는 수상한 택시를 함부로 타지 않는다

- 낯선 사람이 호의적으로 승차를 권유하면 거절한다.
- 택시기사가 합승을 요구하면 이를 단호히 거절한다.
- 조수석 기사등록증 사진과 얼굴이 같은지 확인한다.
- 지인에게 차량번호와 택시회사 등을 문자로 알린다.
- 가급적 조수석에 앉지 말고 뒷좌석 오른쪽에 앉는다.
- 기사가 제공하는 음료수 등 음식은 정중히 사양한다.
- 정상적인 영업택시 번호판에는 아·바·사·자(아빠사자)로 표시되어 있으며, 이 외는 불법택시로 간주한다.

▶ 도급택시란 택시회사에 정식으로 고용되지 않은 개인이 일정 금액을 지불하고 택시를 빌려 영업하는 것으로 운수사업법에 금지되어 있다. 현재 서울 지역에서 운행 중인 불법 도급택시는 전체 법인택시의 3% 정도이나, 실제 점유율은 이보다 훨씬 높을 것으로 추정된다. 또한 우리는 길거리에서 무작위로 택시를 이용하는 사람이 80% 이상인 데 비하여 외국의 경우 단골 콜택시를 이용하는 생활습관이 몸에 배어 있다. 특히 영국, 러시아 등에서는 이미 수년 전부터 여성 전용(핑크레이디) 택시(제도)가 보편화되어 있어 여성들이 비교적 안전하게 이용할 수 있다.

피해 사례

▶ 2006년 9월부터 2008년 12월까지 경기도 서남부 지역 일대의 연쇄살인범 강호순(70년생)은 사람 통행이 적은 도로나 한적한 버스정류장 등지에서 혼자 있는 여성들에게 접근하여 차량으로 유인하는 수법으로 2006년 9월 7일 7시 50분경 강원도 정선군 정선읍에서 출근하는 군청 직원 Y(여, 23세)씨를 자기 차에 태워 성폭행한 후 목 졸라 살해한 것을 비롯하여 동일 수법으로 부녀자 8명을 납치 살해했다.

▶ 2007년 8월 18일 새벽 2시경 피의자 S(38세) 등 3명은 서울 홍익대 근처에서 피해자 L(여, 25세)씨를 자신들이 운전하는 도급택시에 태워 성폭행한 뒤 살해하는 등 같은 방법으로 서울 강남구 등지에서 모두 여성 3명을 납치하여 100만 원 상당의 금품을 빼앗고 목 졸라 살해했다.

▶ 2005년 3월 16일 새벽 1시 20분경 경기도 성남시 분당구 서현역 인근에서 택시를 몰던 피의자 M(38세)은 귀가하던 피해자 항공사 승무원 C(여, 26세)씨를 자기 차에 태워 신용카드로 현금 445만 원을 빼앗고 목 졸라 살해했다. 범인은 강도 등 전과 9범의 도급택시 기사이다.

4) 지하주차장을 이용할 때는 주변을 주도면밀히 관찰하고 기습공격에 유념한다

- 차에 오르내릴 때나 문을 여닫을 때는 반드시 수상한 사람이 있는지 확인한다.
- 가급적 구석이나 외진 곳을 피하고 불빛이 밝은 쪽으로 주차한다.
- 차 문을 멀리서 리모컨 키로 미리 열지 말고 승차하기 직전에 연다.
- 차 키를 미리 준비하였다가 신속히 문을 열고 승차 즉시 문을 잠근다.
- 안전띠를 착용하거나 시동을 걸 때도 차문과 창문을 잠그고 한다.
- 트렁크에 물건을 실을 때는 운전석 문을 잠그고 차 주변을 살핀다.
- CCTV나 시야를 가리는 차체 높은 차 옆에는 가급적 주차를 피한다.
- 승·하차할 때는 가급적 행인 이동이 많을 때 하는 것이 안전하다.

🔶 쇼핑센터나 아파트의 음침한 지하주차장은 어둡고 감시가 소홀하여 범행과 은신이 용이하기 때문에 여성을 노리는 범죄의 온상이 되기 쉽다. 주로 대형마트나 백화점 등지에서 혼자 쇼핑을 즐기는 여성들을 표적으로 호시탐탐 기회를 노리고 있으며 한적한 지상주차장이나 여성전용 주차장도 예외는 아니다.

피해 사례

▶ 2017년 6월 24일 20시 30분경 창원시 소재 ○○골프연습장 지하주차장에서 피의자 심모(31세), 강모(여, 36세), 심모(29세) 등 3명은 범행 대상을 물색하던 중 고급 외제차(아우디)를 발견하고 그 옆에 자신들의 차를 주차한 후 주변에서 은신하고 있었다. 골프연습을 마치고 돌아온 피해자 김모(여, 47세)씨가 자신의 차에 오르려고 할 때 범인 중 한 사람이 "저기요." 하고 말을 걸어 시선을 그쪽으로 돌리게 한 후 다른 공범이 바로 옆에 세워둔 자신들의 차 스포티지(스포티지)에 피해자를 강제로 밀어 넣어 납치했다. 이후 청테이프로 피해자의 눈과 입을 막고 피해자의 신용카드로 현금 480만 원을 인출한 후 목을 졸라 살해하여 시신을 강물에 던져 유기했다.

▶ 2015년 9월 9일 14시경 충남 아산시 소재 대형마트 지하주차장에서 강도 등 전과 22범인 피의자 김모(48세)는 쇼핑을 마치고 나온 피해자 주모(여, 35세)씨가 차에 짐을 싣고 운전석에 탑승할 때 피해자를 밀치고 차에 오른 후 칼로 위협하여 납치, 살해한 후 트렁크에 시신을 유기하고 차에 불을 질렀다. 또한 2015년 8월 24일 경기도 일산 소재 ○쇼핑몰 지하주차장에서 쇼핑을 하고 차에 타려는 여성을 같은 수법으로 납치하려고 했으나 여성이 소리를 지르고 완강히 저항하자 차량만 빼앗아 도주하였다.

▶ 2006년 8월 26일 21시 20분경 경기도 고양시 일산 동구청 지하주차장에서 피의자 K(30세) 등 2명은 피해자 C(여, 35세)씨가 귀가하려고 자신의 차에 오를 때 갑자기 들이닥쳐 차에 납치한 후 성폭행을 하고 신용카드를 빼앗아 700만 원을 인출했다. 이들은 주차장 경비가 허술한 밤 시간대를 이용, 차를 찾으러 오는 여성들을 상대로 서울과 일산 등지에서 3차례에 걸쳐 동일 수법으로 모두 1600만 원 상당의 금품을 빼앗았다.

▶ 2007년 6월 15일 18시 30분경 경기도 성남시 분당구 구미동 ○○쇼핑센터 지하주차장에서 피의자 K(26세)는 지하 3층 외딴곳에 주차된 피해자의 승용차를 발견하고 근처에 은신하고 있다가 쇼핑을 마치고 나온 H(여, 28세)씨가 차에 오를 때 함께 따라 타는 수법으로

차 안에 들어가 현금 12만 원을 빼앗고 목 졸라 살해했다.

▶ 2007년 9월 29일 23시 30분경 경기도 고양시 대화역 환승주차장에 은신하고 있던 피의자 L(39세)은 피해자 A(여, 33세)씨가 자신의 차에 올라 시동을 거는 순간 뒷문으로 들어가 흉기로 위협, 일산 ○○공원으로 납치하여 성폭행하고 신용카드로 700만 원을 빼앗는 등 사람 왕래가 드물고 외진 곳에서 밤 늦게 귀가하는 여성 운전자 3명을 같은 방법으로 성폭행하고 1900만 원 상당의 금품을 빼앗았다.

5) 낯선 방문객은 출입문을 열기 전에 반드시 신원을 확인한다

모르는 사람이 집에 찾아와서 벨을 누르거나 가족 이름을 부를 때는 문을 열기 전에 먼저 인터폰이나 현관문 투시경 등으로 방문객의 신원과 방문 용건을 확인해야 한다. 또한 상대방과 말을 할 때도 출입문 잠금 장치를 풀지 않은 상태에서 하는 것이 안전하다.

▶ 범인들은 여성이 집에 혼자 있는 시간대와 범행에 용이한 집을 사전에 물색해 놓는다. 그리고 의심을 피하기 위해 자칭 택배원, 집배원, 검침원, 아파트경비원, 음식배달원, 부동산소개소 등 다양한 직함을 사용하여 신분을 위장하고 피해자를 현혹하는 방법으로 접근(침입)하는 경우가 많다.

피해 사례

▶ 2006년 12월부터 2008년 6월까지 피의자 K(32세)는 수시로 신분을 바꿔 가며 가정집에 침입, 1년 6개월 동안 부녀자 22명을 무차별적으로 연쇄 성폭행했다. 2006년 12월 12일, 경기도 의정부시 신곡동 피해자 집에 가스검침원으로 위장한 후 집 안에 들어가 A(여, 26세)씨를 흉기로 위협, 성폭행했고, 2007년 3월 16일 의정부시 가능동 B(여, 24세)씨의 집에 전화국 직원으로 위장하고 들어가 피해자 입을 테이프로 막고 모자를 얼굴에 덮어씌워 자신을 알아보지 못하게 하는 수법으로 성폭행했다.

▶ 2002년에서 2008년까지 서울과 경기도 고양시 일대에서 어린이와 주부 등을 상습적으로 성폭행한 피의자 L(23세)은 2007년 5월 경기도 고양시에 있는 피해자 집에 중국음식 배달

원이라고 접근한 뒤 혼자 있던 초등학생 K(여, 13세)양을 성폭행하는 등 동일 수법으로 모두 11명을 성폭행하고 2600만 원 상당의 금품을 빼앗았다. 그는 범행 때마다 헬멧을 쓰고 있었기 때문에 일명 '헬멧 맨'으로 알려졌다.

▶ 2005년 7월, 피의자 K(34세)는 서울시 용산구 청파동 반지하에 사는 피해자 집에 택배원을 가장하고 들어가 여대생 E(22세)씨를 성폭행하는 등 2004년부터 4년에 걸쳐 부녀자 18명을 성폭행하고 166만 원 상당의 금품을 빼앗았다. 그는 실제 택배 경력을 이용, 주로 대학가 주변에서 20대 여성이 혼자 사는 집을 물색해 놓았다가 아침 시간대에 집중적으로 범행했다.

6) 아파트 엘리베이터와 계단을 오르내릴 때는 수상한 사람을 경계한다

수상한 사람이 자신을 뒤따라왔거나 또는 승강기 주변에서 갑자기 나타난 사람이 있을 때는 일단 의심하고 단둘이 승강기에 타지 않는다. 부득이 동승하는 경우에는 승강기 내 구석을 피하고 CCTV 또는 비상벨 앞에 서서 위급한 상황에 대비해야 하며, 가급적 가까운 층에서 빨리 내리도록 한다.

피해 사례

▶ 2008년 3월 12일 13시 40분경 경기도 성남시 분당구 ○○아파트의 엘리베이터에서 피의자 K(23세)는 초등생 A(여, 9세)양을 뒤따라가 함께 탄 후 10층 계단에서 강제로 성폭행했다. 또한 2008년 3월 25일 17시경 인근 아파트 엘리베이터에서 초등생 B(여, 9세)양을 같은 방법으로 성폭행하는 등 반경 1㎞ 이내의 아파트를 전전하며 엘리베이터에서 여고생과 주부 등을 흉기로 위협하여 성추행하고 200만 원 상당의 금품을 빼앗았다.

▶ 2008년 2월 19일 21시경 서울시 강서구 등촌동 소재 ○○아파트에서, 학원에서 귀가하던 초등생 A(여, 13세)양이 엘리베이터에 오를 때 20대 피의자가 갑자기 나타나 함께 탄 후 미리 준비한 벽돌로 위협하며 입에 테이프를 붙이고 지하주차장에 데려가 성폭행했다.

- 2008년 2월 28일 21시 45분경 서울시 서초구 소재 A빌라 현관에서 피의자 L(23세)은 귀가 하던 피해자 K(여, 22세)씨를 흉기로 위협하여 건물 3층 계단으로 끌고 간 뒤 성폭행하고 현금 30만 원을 빼앗았다.
- 2008년 3월 26일 15시 44분경 경기도 고양시 대화동 ○○아파트 엘리베이터에서, 피의자 L(41세)은 초등생 K(여, 10세)양을 뒤따라가 무차별적으로 폭행을 가하며 납치를 시도하였으나 피해자의 완강한 저항으로 미수에 그쳤다. 사회적 충격이 컸던 그 사건의 범인은 미성년자 상습강간 혐의로 징역 10년을 선고받았던 자이다.

7) 공중화장실을 이용할 때는 사전에 주변을 살피고 안전을 점검한다

지하철역, 터미널, 쇼핑몰, 상가건물, 공원 등의 공중화장실은 밤낮 없이 사회적 약자인 여성을 노리는 범죄의 온상이다. 특히 야간에 여성이 이런 곳을 이용할 때는 반드시 일행과 동행하고 부득이 혼자 이용할 때는 주변에 수상한 사람이 있는지 면밀히 살피는 등 사전에 안전점검을 간과해서는 안 된다. 화장실(칸막이)의 잠금장치는 반드시 실행한다.

▶ 공중화장실에서 발생하는 범죄의 46%가 성범죄(성폭행, 성추행 등)이다.

피해 사례

- 2016년 5월 17일 새벽 1시경 서울시 서초구 강남역 인근 상가건물 내 공용화장실에서 평소 여성에 대한 혐오증이 있는 피의자 K(34세)는 주변에서 범행 대상을 물색하고 있던 중, 피해자 A(여, 23세)씨가 화장실에 들어가는 것을 보고 따라 들어가 칼로 피해자의 왼쪽 가슴 등을 수차례 찔러 살해했다. 본 사건은 피해망상증에 걸린 피의자가 불특정 다수인을 상대로 한 맹목적이고 전형적인 '묻지마 살인 범죄'이다.
- 2006년 9월 1일 새벽 2시경 경기도 의정부시 ○○공중화장실 주변에 은신하고 있던 피의자 L(38세)은 피해자 K(여, 17세)양이 화장실에 들어가는 것을 보고 쫓아 들어가 흉기로

위협하며 인근 여관에 데려가 성폭행한 것을 비롯해 모두 4차례에 걸쳐 유사 범행을 저질렀다.

▶ 2007년 4월 5일 21시경 서울시 강남구 청담동 ○○건물의 남녀공용 화장실에서 피의자 B(22세)는 피해자 A(여, 28세)씨를 발견하고 동료가 망을 보는 가운데 성폭행을 시도하다 비명소리를 듣고 달려온 경비원에 의해 미수에 그쳤다.

▶ 2007년 10월 26일 20시 50분경 경기도 고양시 소재 ○○쇼핑몰의 여자화장실에서 피의자 L(26세)은 범행 대상을 물색하던 중 피해자 H(여, 24세)씨가 안으로 들어가는 것을 보고 뒤따라 들어가 성폭행했다.

8) 대학 캠퍼스의 외진 곳에서 혼자 배회하는 사람에게 접근하지 않는다

외부인 출입이 자유로운 대학 캠퍼스는 건물이 많고 교정이 광범위한 반면 경비가 허술하기 때문에 범죄의 온상이 된다. 빈 강의실과 건물 옥상 그리고 인적이 없는 공터, 산책로, 화장실 등지에서 혼자 배회하는 사람을 경계하고 가까이 가지 않는다. 특히 야간에 이런 곳을 여성 혼자 다니는 것은 매우 위험하다.(캠퍼스 성폭력 발생 건수는 2004년 110건, 2005년 126건, 2006년 143건으로 매년 증가하고 있는 추세이다.)

▷ 미국, 호주, 뉴질랜드 등의 국가에서는 캠퍼스 폴리스(campus police) 제도를 도입하여 학교에서 고용한 사설 경찰이 교내 치안은 물론 늦은 시간에 귀가하는 여학생들이 기숙사나 집으로 안전하게 귀가할 수 있도록 호위護衛해 주고 있다.

피해 사례

▶ 2007년 8월, 여름방학으로 강의가 없고 학생들이 뜸한 전북 ○○대학 캠퍼스에서 이 대학 학생 피의자 K(23세)는 피해자 Y(여, 21세)씨에게 과제에 필요한 사진 모델이 되어 달라고 접근해서 빈 강의실로 유인한 뒤 전기충격기로 위협, 나체사진을 찍고 성폭행했다.

▶ 2007년 9월, 서울 ○○대학 캠퍼스에서 이 학교 학생 K(여, 22세)씨가 22시경 학교 도서관에서 공부를 마치고 가로등이 없는 교내 어두운 길을 지나던 중 30대 괴한이 갑자기 나타났다. 뒤에서 껴안고 넘어뜨리며 성폭행을 시도하다 피해자의 완강한 저항으로 미수에 그쳤다.

9) 사이버(cyber) 범죄에 현혹되지 않는다

인터넷 채팅(음성, 화상, 멀티미디어)이나 이메일 등 사이버 공간에서 잘 모르는 사람과 온라인(on-line) 대화에 접속하거나 집착하게 되면 자칫 상대의 불순한 의도에 현혹되기 쉽다. 비이성적으로 무분별하게 행해지는 채팅은 성적 자극과 정서장애를 유발할 수 있을 뿐만 아니라 각종 범죄의 함정에 빠질 수 있다.

피해 사례

▶ 피의자 P(50세)는 2001년 3월 채팅 사이트에서 교제하던 K(여, 41세)씨를 ○○모텔로 유인하여 성폭행한 뒤 이 사실을 남편에게 폭로하고 인터넷에 유포하겠다고 협박하고 6차례에 걸쳐 피해자로부터 7600만 원을 갈취하였다.

▶ 피의자 Y(31세)는 채팅으로 만나게 된 B(여, 32세)씨를 유인하여 성폭행하고 피해자로부터 300만 원을 갈취하고 계속 돈을 요구하다가 이를 거절하자 2003년 6월 15일 22시경 피해자를 납치, 서울시 강북구 수유리 ○○모텔에 감금하고 3일 동안 폭행과 협박 등 가혹행위를 했다.

▶ 2006년 3월 17일 24시경 피의자 P(23세)는 채팅으로 교제하던 피해자 A(여고생, 18세)양을 울산시 남구 무거동 자신의 자취방으로 유인하여 성폭행한 뒤 나체사진을 촬영하는 등 피해자가 달아나지 못하게 진깃줄로 팔다리를 묶고 4일 동안 감금하면서 가혹행위를 했다.

▶ 2008년 7월 10일 23시경 부산시 사하구 하단동 ○○모텔에서 피의자 K(35세)는 채팅으로 알게 된 J(여, 32세)씨를 맥주에 수면제를 타서 마시게 한 뒤 성폭행하고 휴대전화로 피

> 해자의 알몸사진을 찍어 주위에 알리겠다고 협박하여 금품을 갈취하였다.
>
> ▶ 2007년 8월 5일 새벽 3시 30분경 피의자 L(19세) 등 2명은 채팅 사이트에서 만난 피해자 A(여, 19세)양을 서울시 서초구 ○○오피스텔로 유인하여 술을 먹이고 번갈아가며 성폭행한 뒤 휴대전화로 피해자의 알몸사진을 촬영했다.
>
> ▶ 2007년 2월, 경기도 부천시 ○○고등학교에 재학 중인 피의자 B(18세)는 채팅으로 알게 된 피해자 C(여고생, 19세)양을 성폭행한 후 계속 만나주지 않으면 소문을 내겠다고 협박하여 피의자의 친구 10여 명과 함께 빈 상가건물 등지에서 피해자를 집단 성폭행했다.

10) 범죄의 표적이 되지 않기 위해서는 항상 행동과 몸가짐을 바르게 한다.

몸가짐이 산만하고 부주의해 보이면 범죄에 노출될 수 있으므로 평소에 처신을 바르게 하고 자기관리를 철저히 하여 남에게 허점을 보여서는 안 된다. 행동거지가 경망하고 정신력이 결여돼 있으면 스스로 주의력과 방어력을 상실하게 될 뿐만 아니라 치한이 쉽게 접근할 수 있는 것이다.

'치한 또는 성폭력 범죄로부터 자신을 지키기 위해서는'
- 평소에 호신술을 틈틈이 체득하여 방어 능력과 순발력을 기른다.
- 신체를 꾸준히 단련하여 체력을 강화하고 담력과 자신감을 키운다.
- 강인한 정신력과 불굴의 투지를 발휘하여 당당하게 대응한다.
- 공격을 받기 전 경계(선제방어) 자세를 취하고 있을 때 공수에 유리하다.
- 하면 된다는 신념과 자신감을 가지고 꾸준히 연습하는 노력이 중요하다.

▶ 『손자병법』에 싸워서 이기는 것보다 싸우지 않고 이기는 것이 더욱 값진 승리라고 했다. 호신술의 궁극적인 목적도 '공격보다는 방어, 방어보다는 예방'이 최선이라는 본질적 가치를 간과해서는 안 된다.

3. 호신용구

호신용구란 휴대용 방어도구로서 주로 여성이 핸드백 등에 휴대하여 불시에 타인의 습격을 받거나 신변에 위협을 느낄 때 신체를 보호하기 위한 수단으로 사용한다.

1) 호신용구의 종류

종 류	성 능
전기충격기	강력한 전류를 발사하여 상대를 일시적으로 기절시킬 수 있다.
소형 가스총	가스를 안면에 발사하면 일시적으로 눈을 뜨지 못하게 된다.
호신 3단봉	휴대가 간편하고 유사시에는 3단으로 펼쳐서 가격할 수 있다.
호신 스프레이	화장품으로 위장하여 가스를 3, 4미터까지 분사할 수 있다.
전자 호루라기	경보음으로 주위의 시선을 모으고 위기상황을 알릴 수 있다.

2) 호신용구의 효능

호신용구를 과신하거나 또는 이러한 도구에 자신의 안전을 지나치게 의존하는 것은 바람직하지 않다. 실제 상황에서 호신용구의 효능이나 위력이 검증되지 않았을 뿐만 아니라 성공 사례도 없기 때문이다. 그러나 위급 시에 부득이 도구를 사용할 수밖에 없는 상황이라면 도구 사용 시점(timing)이 매우 중요하며, 또한 도구의 기능(특성)을 최대한 활용할 수 있어야 한다.

▶ 여성들이 평소 핸드백 속에 휴대하는 화장용품(눈썹칼, 눈썹가위 등)을 호신용구로 대체할 수 있다는 설은 일종의 고육지책의 일환일 뿐 방어수단으로서의 효과를 기대하기는 무리이다. 그 형태나 용도로 보아 상대에게 위협적인 물건으로 볼 수 없을 뿐만 아니라 어설픈 행동이나 반격은 오히려 상대를 자극하는 기폭제가 될 수 있기 때문이다. 경솔한 행동은 자칫 화禍를 자초할 수 있다.

소아 청소년 성폭력

1. 개념

소아 청소년 성폭력이란 미성숙한 어린이에게 정서적 동경이나 성性적 집착을 가지는 '소아 성애증(pedophilia, 사춘기 이전의 13세 미만)'과 '청소년애증(hebephilia, 사춘기의 10대 소녀)' 등의 아동 성도착증에서 비롯된 범죄이다.

소아애호자들은 대개 롤리타 콤플렉스(Lolita complex) 증후군자로서, 대인관계가 원만하지 못하거나 이성異性 교제에 열등감을 갖는 경우가 많기 때문에 자신의 성적 욕구를 비교적 상대하기 쉬운 어린이를 타깃으로 삼는다.

어린이는 우리 사회와 문화의 특성상 평소 어른을 공경의 대상으로 인식하여 성인들이 신체를 만지고 추행을 해도 이를 친근감이나 애정표현으로 받아들일 수 있으므로 사실상 성범죄에 무방비 상태로 노출돼 있는 현실이다.

어린이는 성性에 대한 인식은 물론 자기 통제력이나 물리적인 방어 능력이 취약한데도 자아가 불완전한 이들을 상대로 성적인 욕망 분출 도구로 삼는 이기적인 행위는 인권의 핵심을 짓밟는 성 학대이며 가학加虐적 범죄이다.

성폭력 등 성적 학대를 경험한 피해 아동이나 청소년은, 신체적·정신적인 '외상外傷 후 스트레스 장애' 등의 극심한 '트라우마'에 빠질 수 있기 때문에 반드시 전문적인 치료는 물론 지속적인 관찰을 간과해서는 안 된다.

◗ 아이들은 어른들의 소유물이 아니며 미래 사회의 주역으로서 나라의 소중한 자산이다. 성범죄로부터 아이들을 지키는 일은 정부나 특정 기관에 책임이 국한돼 있는 것이 아니다. 가정이나 학교, 사회 전반에 걸쳐 유기적인 어린이 보호 연대와 포괄적인 예방 프로젝트를 가동하여 지속적으로 퇴치운동을 전개해 나가야 한다. 특히 성폭력 피해자나 그 가족에 대하여 수수방관袖手傍觀으로 도외시하는 것은 결코 성숙된 사회구성원이라고 할 수 없다.

2. 수법

어린이를 상대로 성폭력이나 성추행 등을 노리는 사람들은 다음과 같은 장소와 범죄의 대상을 물색한다.

- 사람들의 왕래가 드문 공터, 놀이터, 골목길 등
- 자신이 몸을 숨기거나 도주하기가 용이한 곳
- 주변에 CCTV 등 보안장치가 설치되지 않은 곳
- 아이가 혼자 놀고 있거나 걸어가고 있을 때
- 아이가 낮 시간에 집에 혼자 있을 때

범죄의 표적으로 삼은 어린이에게 접근하거나 또는 유인하는 방법으로는 다음 세 가지 유형이 있다.

1) 애착형: 아이에게 환심을 사기 위해 "우리 아기 참 예쁘게 생겼네!" "게임기 사줄까?" 등의 칭찬이나 선물로 꾀는 수단이다. 이 수법에 아이들이 여러 형태의 성범죄에 가장 많이 유린되었다.(70.5%)
2) 폭력형: 아이에게 겁을 주거나 폭력을 가하여 강제로 끌고 간다.(17%)
3) 도구형: 아이에게 "너의 아빠 친구야." 등의 거짓말로 유인한다.(10.5%)

3. 개선책

어린이는 성장과 발달 과정을 거치면서 나이와 인지 수준에 맞는 성도덕과 생물학적인 남·여의 특성, 생식 생리, 신체의 변화 등의 성性에 대한 기초적인 교육부터 학교나 가정에서 체계적이고 점진적으로 실시돼야 한다.

청소년들은 성적인 감성이 민감한 시기이니 만큼 인터넷, SNS 등 저속한 대중매체에서 범람하는 유해有害 영상물과 선정적인 음란물에 집착하게 되면 페티시즘(fetishism) 등의 비정상적인 성性 콤플렉스에 빠질 수 있다.

잘못된 행동이나 습관은 타고나는 것이 아니라 학습에 의해 오염되므로 정서적으로 불안정한 청소년은, 감정조절 능력과 성충동 억제력 배양 등 올바른 성지식을 심어줄 수 있는 시스템과 사회적 관심이 더욱 요구된다.

▶ 현재 시행 중인 어린이 대상 성범죄 예방 프로그램
- 전자태그 시스템(2007년) : 아동 가방에 전자태그를 붙여 휴대전화로 등·하교 파악
- 어머니 경찰대(2008년) : 경찰관과 학부모가 등·하교시간대에 학교 주변 합동 근무
- 성범죄 지도시스템(2010년) : 범죄 지리정보 시스템에 성범죄 지역 분류
- 성폭력 전담부서 설치 운영(2012년)

최근 몇 년 사이 성폭력 범죄(성폭행, 성추행 등)를 저지른 만 19세 미만 소년범의 연도별 추세를 보면, 2013년 2901명, 2014년 2875명, 2015년 2980명, 2016년 3195명, 그리고 2017년 7월 현재 1763명으로 빠른 속도의 증가세를 보이고 있다.(법무부 자료)

따라서 현행 소년범의 적용연령을 낮추거나 소년범 보호관찰 시설을 대폭 늘리는 등의 다양한 대책과 방안이 시급히 요구되고 있는 실정이다.

4. 예방과 대처

어린이는 위험한 상황에 직면했을 때 직관적인 판단 능력이나 방어 능력이 없기 때문에 평소 실제 상황에 대비하여 가상훈련 등을 통해 어린이의 눈높이에 맞는 대처 요령은 물론 담력과 용기를 길러 주어야 한다.

기존의 예방수칙 같은 획일적인 매뉴얼(manual)은 어린이가 스스로 위기를 극복하는 데

근본적인 해결책이 될 수 없다. 궁극적으로 방어보다 예방이 우선이므로 사전에 아이들이 범죄에 노출되거나 표적이 되지 않게 하는 것이 더 중요한 과제이다.

1) 낯선 사람이 말을 걸어 올 때는 충분한 거리를 유지하며 응대한다

아이들은 처음 보는 사람이 길을 묻거나 말을 걸으면 주저하지 않고 이에 응한다. 그것은 평소 어른들에게 친절하고 공손해야 한다는 생활 습관이 배어 있기 때문이다. 이런 경우에는 상대와 너무 가까운 거리에 있지 말고, 최소 상대방과 3~4m 이상 떨어진 곳에서 응대하도록 하며, 만일의 사태에도 대비할 수 있는 매뉴얼을 숙지시켜야 한다.

▶ 약취·유괴 범죄는 아침 9시~12시 사이에 전체의 15.9%가 발생하여 이 시간대에 빈도가 가장 높다. 따라서 피해 어린이 상당수가 등하교 시간에 납치나 유괴 범죄에 피해를 입은 것으로 판단된다.

2) 위급할 때는 큰소리로 주위의 시선을 끌고 구원을 요청한다

아이에게 위험한 상황이 닥쳤을 때는 먼저 큰소리로 주위의 시선을 모아 스스로 사람들에게 도움을 청할 수 있어야 한다. 당황하면 소리가 제대로 나오지 않을 수 있기 때문에 평소 아이에게 "살려주세요! 도와주세요!"라고 위험을 알리는 신호(소리)를 외치게 하는 등 용기와 담력을 길러 주고 위기를 극복할 수 있는 기지를 심어 주어야 한다.

3) 인적이 드문 장소에서 혼자 다니거나 혼자 놀지 않는다

사람 왕래가 드문 골목길, 공터, 빈 건물, 건축공사장, 아파트 지하실 등 한적한 장소에 드나들거나 혼자 노는 것은 매우 위험하다. 이런 곳은 범죄의 온상으로서 주야 관계없이 범인들이 노리고 있는 치안 사각지대인 경우가 많기 때문이다.

▶ 아이들이 범인에게 주로 유인되는 장소는 놀이터, 길, 공원 등으로 현장에서 피해자의 집이나 학교와의 거리는 2km 이내가 70%이며, 범인의 집도 같은 반경인 경우가 50%로서 대부분 피해자의 행동반경에서 범행이 자행되고 있다.

4) 부모나 가족을 잘 아는 척하며 접근하는 사람을 경계한다.

낯선 사람이 "부모님이 병원에 계시니 함께 가자."라거나 "너희 엄마가 말했어."라고 할 때(어린이 '40%'는 이 말을 실제로 믿는다.), 또한 가족의 이름을 대거나 친척, 선생님 등을 사칭하여 함께 가자고 할 때는 단호히 거절하고 즉시 자리를 피하도록 한다. 아이들에게 부모의 신뢰도는 절대적이라는 심리를 이용하여 유인하는 계략이다.

5) 엘리베이터를 탈 때는 수상한 사람과 단둘이 타지 않는다

자신을 뒤따라온 사람이나 또는 승강기 주변에서 갑자기 나타난 사람이 엘리베이터를 함께 타려고 할 때는 수상한 사람으로 의심해야 한다. 이럴 때는 그와 단둘이 타지 말고 일단 기다리거나 그곳을 잠시 피하는 것이 안전하다. 부득이 함께 탈 경우에는 승강기 내 구석을 피하고 CCTV 또는 비상벨 앞에 서서 위급한 상황에 대비하며, 가급적 가까운 층에서 빨리 내리도록 한다.

6) 낯선 방문객은 출입문을 열기 전에 반드시 신원을 확인한다

어린이가 집에 혼자 있을 때 낯선 사람이 찾아오면 문을 열기 전에 반드시 인터폰이나 현관문 투시경 등으로 방문객의 신원을 확인해야 한다. 상대방과 말을 할 때도 출입문을 열지 않은 상태에서 하는 것이 안전하다. 자칭 택배원, 집배원, 검침원, 음식배달원 등의 직함을 사용하며 문을 열어 달라고 할 때는 "엄마한테 물어 볼게요."라고 말한 후 즉시 가족에게 연락을 취할 수 있도록 해야 한다.

7) 낯선 사람이 과도한 호의를 베풀 때는 단호히 거절한다

혼자 있는 아이에게 모르는 사람이 다가와서 "너 참 착하게 생겼구나." 등의 칭찬이나 과도한 친절을 베풀며 접근할 때는 일단 수상한 사람으로 의심하고 경계해야 한다. 또는 선물이나 먹을 것을 사주겠다고 할 때, 놀이를 함께하자고 할 때도 이를 거절하고 범죄 유혹에 휘말리지 않도록 한다.

▶ 아이에게 성추행을 목적으로 접근하여 감언이설 등으로 꾀어서 신체 특정 부위를 보여 달라고 하거나, 또는 접촉을 하려고 할 때는 싫다고 말할 수 있는 용기와 아이에게(눈높이) 맞는 대응 요령을 길러 주어야 한다.

8) 길을 물으며 특정 장소까지 동행을 요구할 때는 절대 응하지 마라

낯선 사람이나 또는 차를 운전하던 사람이 길을 물으면서 어느 곳까지 함께 가자고 할 때는 범죄 용의자로 의심하고 단호히 거절해야 한다. 납치, 유괴, 인질 등을 노리는 범죄 함정에 빠질 수 있다.

9) 차에 물건을 실으면서 도움을 청하는 사람을 각별히 조심한다

모르는 사람이 차에 물건을 싣는 척하면서 도와 달라고 하거나 또는 떨어진 물건을 주워 달라고 할 때는 거절하고, 특히 그 차에 절대 타서는 안 된다. 차량을 이용한 어린이 납치 사건에 자주 이용되는 범죄 수법이다.

5. 어린이 성폭력 피해 증상

성폭력 피해 어린이의 상당수는 충격 후 '외상성스트레스장애(PTSD)' 증후군으로 심각한 후유증 등 트라우마(trauma)에 빠질 수 있다. 또한 심리적인 불안 상태에서 외적으로 특이한 행동이나 증상이 표출되기도 하고, 전혀 다른 형태의 신체 반응으로 나타날 수도 있다.

- 복통, 두통, 변비, 구토, 요로감염, 생식 통증 등의 이상증세를 보인다.
- 매사에 신경질적이고 공격적이며 자기 파괴적인 행위를 서슴지 않는다.
- 특정한 사람이나 장소, 물건 등에 민감하게 반응하고 이를 두려워한다.
- 공부에 대한 집중력과 성적이 현저하게 떨어지며 학습장애가 나타난다.
- 성적인 관심이나 호기심이 발동하는 등 갑작스런 행동변화가 나타난다.
- 습관적으로 생식기 부위에 손이 자주 가며 가끔 퇴행적인 행동을 한다.
- 악몽과 대인공포증이 생기고 정서가 불안정하며 친구들을 기피한다.
- 평소에 좋아하던 오락이나 TV 프로에 흥미를 잃고 식욕도 떨어진다.
- 평소보다 더 많은 보호를 요구하고 부모와 떨어지지 않으려고 한다.

- 어둠을 두려워하고 밤에 잘 때도 불을 켜 놓으려고 한다.
- 혼자 있는 것을 싫어하고 낮에도 문을 꼭꼭 닫아 놓는다.

chapter

3 신체안전능력(낙법)

- 낙법의 정의
- 낙법의 유형과 방법

낙법의 정의

　낙법落法은 신체의 안전능력과 위기대처 수단으로서 몸이 급격히 중심을 잃고 조정력을 유지할 수 없거나 또는 지면에 충돌할 때, 신체에 작용하는 물리적인 충격 요소를 완화하여 능동적으로 신체를 보호할 수 있는 착지안전 기법이다.

　낙법은 신체가 외부의 힘이나 또는 자발적인 동작으로 인하여 균형감(balance)을 잃고 지상에 전도顚倒되거나 추락 등의 위험한 상황에 직면할 때, 중력重力에 의한 운동에너지(질량)를 흡수하여 착지 시 충격을 감소시키는 운동기능이다.

　낙법은 궁극적으로 신체가 비정상적으로 착지될 때 운동량(질량과 속도)의 소멸 범위를 확대하여 체중을 분산시키고 충격력을 완충시키는 원리로서, 낙상落傷 등 신체에 가해지는 위해危害 요소로부터 자기 몸을 보호하기 위한 수단이다.

▶ 물리학자 뉴턴(Newton)의 '운동의 법칙'을 토대로 응용한 원리이다.

1. 낙법 연습 방법

　낙법은 쉬운 동작부터 어려운 동작으로 단계적인 연습을 통하여 기술을 몸에 익히고 적응해야 한다.

- 낮은 동작에서 → 높은 동작으로

- 느린 동작에서 → 빠른 동작으로
- 정지 동작에서 → 이동 동작으로
- 작은 동작에서 → 큰 동작으로
- 단순 동작에서 → 고난도 동작으로 연습한다.

2. 연습 포인트

- 머리를 들고 바닥에 닿지 않도록 주의한다.
- 몸과 동작을 공이 구르듯 둥글고 부드럽게 한다.
- 착지 부위가 신체 한 부분으로 쏠리지 않도록 한다.
- 힘의 방향과 흐름에 몸이 자연스럽게 흡수되도록 한다.

낙법의 유형과 방법

1. 전방낙법

몸이 앞으로 넘어질 때 양팔과 다리로 신체의 하중을 받쳐 중력에 의한 충격 에너지를 흡수하여 안면과 가슴 등 신체의 전면前面을 보호한다.

> **요령**

① 양손을 펴서 팔자八字(45도) 모양으로 세워 얼굴과 가슴 앞을 막는다.
② 몸을 앞으로 기울여 양손으로 바닥을 치면서 머리를 옆(좌, 우)으로 돌린다.
③ 착지 시 양팔(손바닥→팔꿈치)과 발끝으로 몸을 지탱하며 양다리를 넓게 벌리고 둔부를 위로 쳐든다.
④ 얼굴과 바닥은 20~30cm 간격을 유지하며 몸이 앞으로 밀리지 않도록 양팔과 다리로 균형을 잡는다.

▶ 이 낙법은 축구, 배구, 야구 등 다양한 스포츠에서 슬라이딩(sliding) 기법으로 많이 활용되고 있다.

1) 1단계

▲ 1

▲ 2

▲ 3-1

▲ 3-2

2) 2단계

▲ 1

▲ 2

▲ 3-1

▲ 3-2

3) 3단계

▲ 1
◀ 2
◀ 3
◀ 4
◀ 5

2. 후방낙법

몸이 뒤로 넘어질 때 두 팔과 몸동작으로 물리적인 충격 요소를 흡수하여 등 부위와 뒷머리(후두부) 등 신체의 배면背面을 보호한다.

1) 1단계

> **요령**

❶ 바로 누운 자세에서 머리를 들고 턱을 당긴 후 양팔을 수직으로 올려 바닥을 친다.(손가락을 가지런히 붙이고 탄력적으로 친다.)
❷ 몸과 팔의 간격은 30~40도 각도를 유지하고 시선은 복부를 주시한다.

▶ 몸과 팔의 간격이 너무 좁거나 벌어지면 낙법 효과가 감소한다.

▲ 1-1

▲ 1-2

▲ 2-1

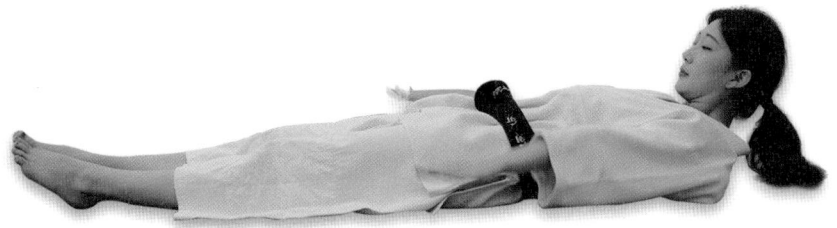

▲ 2-2

2) 2단계

> **요령**

① 앉은 자세에서 두 다리를 펴고 두 팔을 수평으로 뻗는다.

② 뒤로 누우면서 등이 바닥에 닿을 때 양팔로 바닥을 친다.

③ 턱을 당겨 뒷머리가 바닥에 닿지 않게 하고 다리는 직각으로 세운다.

▶ 몸을 둥글게 하여 둔부부터 등 부위로 바닥에 접지(接地)되도록 한다.

▲ 1-1

▶ 1-2

▶ 2

▶ 3

3) 3단계

▲ 준비

▲ 1

▲ 2

▲ 3

▲ 4-1   ▲ 4-2

▲ 4-3

3. 측방낙법

몸이 옆(좌, 우)으로 넘어질 때 팔과 다리의 동작으로 중력에 의한 착지 충격을 흡수하여 머리와 신체의 측면을 보호한다.

> **요령**

❶ 머리를 들고 옆으로 누워 누운 쪽 다리를 구부려 측면이 바닥에 닿게 하고,
❷ 반대쪽 다리는 구부려 발바닥이 바닥에 닿게 하여 세운다.
❸ 몸과 팔의 간격은 30~40도(각도)이며 반대쪽 팔은 복부에 얹는다.
❹ 누운 쪽의 팔과 두 다리를 완전히 들어 올린 후 바닥을 친다.

▶ 시선은 복부 쪽을 보고 두 다리가 겹치거나 부딪치지 않도록 한다.

1) 1단계

▲ 1

▲ 2

▲ 3

2) 2단계

▲ 준비

▲ 1

▲ 2

▲ 3

3) 3단계

▲ 1　　　　　　　▲ 2　　　　　　　▲ 3

▲ 4　　　　　　　▲ 5

4. 전방회전낙법

신체 중심이 급격히 앞으로 쏠려 균형을 잃거나 전도될 때, 몸을 앞으로 굴러(rolling) 관성전진력慣性前進力에 의한 운동에너지를 분산시키고 신체를 전반적으로 보호한다.

'오른쪽 회전낙법'

요령

① 두 발을 어깨 넓이로 벌리고 왼발을 앞에 내딛은 좌자연체로 선다.
② 오른손을 두 발과 역삼각형 형태로 손끝이 안쪽을 향하여 짚는다.
③ 왼손을 펴서 손끝이 안쪽을 향하게 하여 그 중앙에 가볍게 짚는다.
④ 왼팔 손끝부터 차례로 팔이 바닥에 닿게 하여 몸을 앞으로 구른다.
⑤ 몸이 회전과 동시에 오른쪽 측방낙법으로(왼쪽은 그 반대) 착지한다.

- 회전할 때는 왼발과 두 팔에 체중을 싣는다.
- 몸이 원圓처럼 둥글게 굴러가듯이 유연하게 회전한다.
- 머리와 어깨 부위가 바닥에 직접 부딪치지 않도록 주의한다.

1) 1단계

 ◀1
 ◀2

▲ 3

▲ 4

▲ 5

▲ 6

PART 01 호신술 147

2) 2단계

◀ 준비

▲ 1

◀ 2

▲ 3

▲ 4

▲ 5

3) 3단계

▲ 준비

▲ 1

▲ 2

▲ 3

▲ 4

▲ 5-1

▶ 5-2

PART 01 호신술 151

5. 공중회전낙법 / 장애물낙법

전방회전낙법의 연장선에서 더 큰 동작과 높은 난이도가 수반되는 낙법이다. 장애물을 넘거나 큰 낙차로 몸이 떨어질 때, 몸을 공중 1회전하여 중력을 완화하고 신체의 균형을 유지하며 안전하게 착지하는 방법이다.

> **요령**

① 제자리에서 점프를 하거나 탄력을 이용하여 몸을 위로 높이 뛰어오른다.
② 몸이 뜰 때 더 높고 멀리 도약하기 위해 2차 공중(발 굴신) 동작을 한다.
③ 시선은 전방의 목표물을 응시하고 착지는 전방회전낙법과 동일하게 한다.

▶ 이 낙법은 낙차落差가 큰 고난도의 기술이기 때문에 모든 낙법을 충분히 숙련한 후에 단계적으로 시도해야 하며, 특히 몸이 최대한 가볍고 유연한 상태에서 실행할 때 더 안정적으로 착지할 수 있다.

▲ 1   ▲ 2

▲ 3

▲ 4

▲ 5

▶ 6

PART 01 호신술 153

chapter 4
위기 대처능력 (생존 메뉴얼)

- 위기 대처능력

위기 대처능력

뜻밖의 재난(재앙)이나 위급한 상황에 직면하였을 때는 극도의 심리적인 불안감으로 이성적인 판단과 분별력을 잃고 패닉(Panic, 공황) 상태에 이르게 된다.

사람이 갑작스런 곤경이나 위기에 처하게 되면 당황하여 동물적인 도피 본능에 허둥대다 생존에 필요한 골든타임(golden time)을 놓치게 되는 경우가 많다.

생명과 신체에 위험이 닥쳤을 때는 상황을 합리적으로 판단하여 매뉴얼에 따라 침착하고 민첩하게 대처하여 위기를 극복할 수 있는 능력을 체득해야 한다.

1. 건물 화재 대처법

화재 발생 시 유독가스로 인한 피해(68%)가 화염에 의한 피해(25%)보다 2배 이상 많다. 유해 성분이 있는 가스를 3분 이상 마시게 되면 심정지가 오며 생명이 위험할 수 있다.

이럴 때 젖은 수건이나 천으로 코와 입을 가리게 되면 최대 20분까지 버틸 수 있다. 즉 화재 대피를 위한 골든타임은 3~20분이므로 이 시간 내에 상황을 어떻게 대처하느냐에 따라 생사生死가 갈릴 수 있다.

▶ 2017년 12월 21일 오후 3시 35분경 충북 제천시 스포츠센터에서 발생한 화재 참사 희생자 29명 중 24명, 2018년 1월 26일 오전 7시 25분 경남 밀양시 세종병원에서 발생한 화재사건 희생자 46명 중 34명이 유독가스와 연기에 질식하여 사망한 것으로 나타났다.

희생자들은 화재 현장에 있다가 공황 상태에서 탈출구를 찾지 못하고 헤매던 중 변變을 당하였고, 소방대원도 불이 난 건물 어디로 진입하여 효율적인 구조를 해야 할지 몰라 골든타임을 허비했다. 일본은 '건물소방법'에 의거 화재 발생 등 비상 상황에 대비하여 건물마다 비상구 외에 구조창(쉽게 파괴되는 유리로 설계됨)을 지정해 놓고 빨간색 역삼각형 스티커를 붙여 건물 내외에서 누구나 피난처로 인식할 수 있도록 표시하며, 연립주택이나 아파트에는 위층과 아래층을 이어주는 '피난 해치(사다리)'를 설치한다.

1) 위기 대처

- 건물 안에서 갑자기 타는 냄새나 연기, 또는 열기가 느껴질 때는 화재 발생을 의심하고 침착하게 상황을 파악한다.
- 화재가 발생하였을 때는 당황하지 말고 가장 먼저 젖은 수건이나 옷가지로 코와 입을 막고 연기가 기도와 폐에 들어가지 않도록 한다.
- 우레탄폼이나 단열재 등 건축자재(가연성 외장재)가 불에 타게 되면 화학반응을 일으키면서 산酸 계열의 염화수소 등 유독가스가 발생하여 한 모금만 마셔도 의식을 잃을 만큼 치명적이어서 대부분 자각自覺 증상을 느끼기도 전에 기절하게 된다.

▶ 화재현장의 농연濃煙과 검은 연기 속에는 일산화탄소를 포함한 유독가스가 아주 많이 함유되어 있다. 일산화탄소는 우리 몸에 산소를 공급하는 적혈구 속 헤모글로빈과 강하게 결합하기 때문에 몸속의 산소 운반을 막아 질식시키는 위험 물질이다.
　일산화탄소는 보통 건물 내 단열재를 비롯한 화합물에서 나오며 단열재는 산소가 충분한 상황에서는 산소 둘과 탄소 하나가 결합한 이산화탄소(CO_2)를 배출하지만 화재 현장은 산소농도가 낮기 때문에 산소 하나와 결합해 유독한 일산화탄소(CO)가 생기는 것이다.

- 특히 좁은 공간에서 다량의 유독가스를 흡입하게 되면 1~3분 내에 의식이 흐려지고 3분이 지나면 심정지가 진행되며 의식을 잃고 5분이 경과되면 뇌에 산소 공급이 끊겨 뇌사 상태에 이르게 된다.(외형상으로 코피가 나거나 복부 통증을 느낄 수 있다.)
- 당황한 상태에서는 우리 몸에서 산소와 에너지를 더 많이 소모하기 때문에 침착하게 대응하는 것이 좋다.

2) 대피 요령

- 연기는 위로 가는 속성이 있기 때문에 연기 층 아래에는 맑은 공기가 있다는 것을 알아야 한다. 따라서 대피할 때는 최대한 몸을 낮춰서 한 손은 코와 입을 막고 한 손으로 벽을 짚으며 계단을 이용하여 신속하게 건물 밖으로 대피한다.
- 엘리베이터는 유독가스 통로 역할을 하는 '굴뚝 효과'가 발생하여 질식 위험이 크고, 화재로 인해 누전 차단기가 내려가면서 전기 공급이 끊기게 되면 안에 갇힐 수 있으므로 절대 이용해서는 안 된다.

▶ 2018년 1월 26일 07시 25분 경남 밀양시 소재 세종병원에서 발생한 화재 사건에서 6명이 엘리베이터를 탔다가 갇혀 질식사窒息死했다.

- 연기와 유독가스가 통로를 타고 확산되는 것을 차단하기 위해서 층간의 방화문을 먼저 닫고 연기를 배출시키는 것이 중요하다.(밀양 화재 참사 시 방화문이 모두 열린 상태였기 때문에 유독가스가 삽시간에 중앙계단을 타고 2층으로 퍼져 인명피해가 컸다.)
- 계단 아래쪽에서 연기가 올라오고 있으면 옥상으로 대피하되, 아래층에 불길이 약하고 연기가 심하지 않으면 1층으로 내려가는 것이 안전하다.(탈출할 때는 마지막 나오는 사람이 불이 난 사무실이나 현관문을 닫아야 연기와 화염 확산을 막을 수 있다.)
- 갇혀 있는 곳이 저층底層일 때는 창문을 통해서 탈출할 수 있다. 이때는 역화逆火(back draft, 급격한 공기 유입으로 인하여 화염이 확산되는 현상)에 주의한다.
- 대개 건물 외벽에는 강화유리가 장착돼 있기 때문에 끝이 뾰족한 유리 파쇄망치나 도구를 이용하여 유리 가장자리(모서리)를 내려쳐서 파괴해야 한다.

▶ 강화유리는 일반 유리보다 강도強度가 5배 이상 튼튼한 특수유리로서 잘 깨지지 않으므로 중심부를 타격하면 충격을 흡수할 수 있는 면적이 그만큼 크기 때문에 특성상 유리가 휘어지며 손상을 주지 못하는 반면, 가장자리는 충격 흡수 면적이 작아서 상대적으로 취약하다.
  2017년 12월 21일 오후 3시 35분경 충북 제천시 스포츠센터에서 발생한 화재 참사 대부분의 희생자는 건물 2층 여성사우나에 있던 사람들로서 비상구로 대피가 불가능하자 통유리를 깨고 탈출하려고 했지만 실패했다.

- 화재 현장이 아파트일 때, 연기로 인하여 계단을 이용할 수 없는 상황이라면 베란다에 설치된 경량 칸막이를 파괴하고 옆집으로 대피한다.(경량 칸막이는 비상시에 쉽게 부서지도록 설계된 벽면으로 평상시 이 주위에 피난 장애가 될 수 있는 물건을 쌓아 두면 안 된다.)
- 대형 지하 쇼핑몰에 화재가 발생했을 때는 전기가 끊겨 방향 감각을 잃을 수 있으므로 대피 유도등을 따라 한쪽 방향으로 탈출해야 한다. 유도등이 보이지 않으면 벽을 짚거나 시각장애인 안내용 보도블록을 따라 이동한다.
- 만약 대피로까지 연기가 들어찼을 때는 성급하게 나가려 하지 말고 문을 닫고 구조를 기다려야 한다.(구조대가 올 때까지 연기나 유독가스가 안으로 들어오지 못하도록 젖은 수건이나 커튼 등으로 실내室內 모든 틈새를 꼼꼼히 막는다.)
- 구조를 기다릴 때는 연기가 들어오지 않는 쪽의 창문을 열고 옷가지나 눈에 띄는 물건을 흔들어 사람들에게 구조 신호를 보내야 한다.
- 대피할 때 옷과 신발을 일부러 벗지 않도록 한다. 화상이나 유리 파편 등에 부상을 입을 수 있다.(그러나 거추장스런 옷이나 장신구를 몸에 지니고 있으면 열기를 품을 수 있는 만큼 빨리 벗어 버리는 것이 좋다.)

2. 지진 대피 요령

지진(地震, earthquake)이란, 지구 내부의 변형 에너지가 지표로 방출되면서 땅이 흔들리고 갈라지는 지각변동 현상이다. 대부분의 지진은 오랜 기간에 걸쳐 대류 이동, 해저 확장, 산맥 형성 등에 의해 축적된 에너지가 분출되는 탄성반발(elastic rebound)의 원리로 발생한다. 또한 화산활동에 의한 지진이나 폭발물에 의해 인공적인 지진파가 일어나는 경우가 있지만 그 규모(진도)는 비교적 크지 않다.

지진은 그 형태와 발생 원인에 따라 구조지진(tectonic earthquake), 화산지진(volcanic earthquake), 함몰지진(implosions of collapse earthquake)으로 나눈다.

▶ 1995년 1월 17일 새벽 5시 46분 일본 고베시에 규모 7.3의 지진으로 인해 많은 희생자(사망 6434명, 부상 4만 3792명)가 발생했을 때, 당일 사망한 5,036명의 사인死因을 분석한 결과 건물이 붕괴되면서 순식간에 현장에서 사망(압사壓死)한 사람은 276명에 불과했으며, 그 밖의 많은 희생자는 물건 등에 깔려 숨을 쉬지 못하고 구조를 기다리다 질식사하거나 화재 등에 의해 생명을 잃은 것으로 나타났다.(NHK 특별취재팀 자료)

- 집 안에 있을 때

  식탁이나 테이블 등 아래로 신속히 몸을 보호하고 진동이 멈추면 전기와 가스를 차단한다. 넘어지거나 깨지기 쉬운 유리창, 가구, TV 등에 가까이 있지 말고 특히 난로나 화재에 취약한 집기에 주의하며 가급적 빨리 밖으로 대피한다.

- 집 밖에 있을 때

  떨어지는 물건(유리, 간판, 기와 등)에 대비하며 가방이나 손으로 머리를 보호하며 건물과 담장에서 최대한 멀리 떨어져 운동장이나 공원 등 넓은 공간으로 대피한다.

- 엘리베이터를 타고 있을 때

  엘리베이터는 정전 등으로 갇힐 위험이 있기 때문에 모든 층의 버튼을 눌러 가장 먼저 문이 열리는 층에서 신속히 내린 후 계단을 이용하여 탈출해야 한다.

- 운전을 하고 있을 때

  비상등을 켜고 서서히 속도를 줄이면서 도로 오른쪽에 차를 세우고 라디오 등의 안내 방송에 따라 행동한다.

3. 태풍 대처 요령

태풍은 북태평양 서쪽 열대 해상에서 발생하는 열대 저기압 중, 중심 부근의 최대 풍속이 17.2m/s 이상으로 강한 폭풍우를 동반한 기상 현상을 말한다.

발생 해역에 따라서 태풍(Typhoon), 허리케인(Hurricane), 사이클론(Cyclone), 윌리윌리(Willy-Willy) 유형이 있다.(북태평양 동부와 북대서양 서부에서 발생하면 '허리케인', 인도양과 남태평양에서 발생하면 '사이클론'이라고 한다.)

태풍은 일반적으로 해수면 온도가 27℃ 이상인 열대 해역에서 7월~10월에 가장 많이 발생하며 소멸까지는 1주일~10일 정도이다. 또한 발생 초기에는 서북서진西北西進하지만 점차 북상하여 편서풍을 타고 북동진北東進하는 경로를 밟는다.

태풍은 풍속이 초속 30m만 불어도 성인 남성이 걷기 힘들 정도이며, 초속 40m가 되면 큰 바위도 날릴 수 있을 만큼 위력적인 위험 요소를 동반하므로, 태풍에 대한 기본적인 행동 수칙을 알아두면 재난으로부터 피해를 미연에 방지할 수 있다.

• 옥외 시설물 점검

강풍이 불면 간판이나 시설물이 흉기로 돌변하여 인명피해의 주요 원인이 되기 때문에 간판이 바람에 날리지 않게 단단히 고정해야 한다.

강풍에 유리 창문이 파손될 수 있으므로 폭이 넓은 테이프로 창문 가운데에 X자로 붙이거나 또는 젖은 신문지, 비산飛散 방지용 안전필름 등을 유리에 붙여 놓으면 풍압 분산 효과로 유리 파손에 의한 위험을 예방할 수 있다.

특히 창틀과 창문 사이가 이완돼 있으면 창문이 바람에 흔들리면서 떨어져 나갈 수 있으니 테이프 등으로 틈새를 막아 단단히 고정해 놓는다.

그 외에 강풍에 날아갈 수 있는 물건이나 구조물, 시설물 등이 있는지 사전에 점검하여 단단히 동여매 놓거나 안전한 장소로 이동해야 한다.

• 실내에 있을 때

실내에서는 창문에 커튼을 쳐놓고 창문과 떨어져 있는 것이 안전하다. 또한 정전停電 시에 필요한 손전등이나 랜턴을 미리 준비해 놓고, 만약 가옥이 침수되기 시작하면 가스와 전기를 먼저 차단해야 한다. 특히 젖은 손으로 전선이나 전기 설비를 만지게 되면 감전사고의 원인이 되므로 주의한다.

그리고 스마트폰이나 TV, 라디오 등을 통해 기상변화에 귀 기울이며 대응한다.

• 옥외에 있을 때

태풍이 지나갈 때까지 최대한 외출을 삼가야 한다. 부득이 외출 중에 천둥, 번개가 칠 경우에는 신속히 건물 안이나 낮은 곳으로 대피해야 하며 건축자재 등이 어지럽게 널려 있는 공사 현장이나 가로등, 전신주, 신호등, 고압선 주변에는 접근을 피한다.

특히 야영을 하고 있거나 하천변, 산길, 기타 침수 위험지역에 있을 때는 즉시 안전한 지대로 대피해야 한다.

- 운전 중일 때

운전 중 강풍을 만났을 때는 바람에 차체가 흔들리고 사고 위험이 높기 때문에 반드시 서행해야 하며 흔들림이 너무 심할 때는 차량을 도로 가장자리에 세우고 기다려야 한다. 만약 차량을 저지대나 다리 밑에 주차했을 때는 신속히 안전한 곳으로 이동하여 침수 피해로부터 차량을 보호해야 한다.

PART 02

체포술

서론

1. 체포의 개념

체포逮捕(arrest)는 범죄 혐의가 있거나 또는 죄를 범하였다고 의심할 만한 상당한 이유가 있는 피(용)의자에 대해 신체를 직접 구속하기 위한 물리적인 수단으로서 법률(형사소송법)상 '대인적對人的 강제처분'에 해당한다.

체포술은 궁극적으로 수사기관이 현행범 또는 법률적 절차에 의한 피의자를 검거하거나 범죄 수사를 목적으로 피체포인의 신체를 제압하기 위한 기술이다.

우리 헌법(제12조 1항)에는 모든 국민은 "신체의 자유(personal freedom)를 가진다."고 규정하고 있다. 누구든지 법률과 적법한 절차에 의하지 아니하고 체포, 구금, 압수, 수색, 심문 등을 받지 않을 권리, 즉 국민의 기본권을 보장하고 있는 것이다.

따라서 국가권력의 남용으로 신체의 자유와 개인의 보호법익을 침해받지 않도록 하기 위해 인신人身 구속에 관한 불법 체포행위에 대하여는 법률로써 엄격히 금지하고 있다.

▶ 체포·감금죄: 사람을 불법으로 체포 또는 감금하여 신체적 자유를 침해하는 범죄 '형법 제276조'

'체포의 유형'
- 통상(영장에 의한)체포 '형사소송법 제201조'
- 현행 범인의 체포 '형사소송법 제212조'

• 긴급체포 '형사소송법 제200조 3항'

▶ 체포와 정당행위

형법 제20조는 "법령에 의한 행위, 업무로 인한 행위, 기타 사회 상규에 위배되지 아니하는 행위는 벌罰하지 아니한다."라고 '정당행위'를 규정하고 있다. 따라서 현행범의 체포나 공무원의 직무행위 등은 법령에 의한 정당행위에 속하므로 정당한 행위로서 위법성이 조각되는지 여부는 그 구체적인 행위에 따라 합목적적이고 합리적으로 가려져야 한다.

정당행위를 인정하려면, 1) 그 행위의 동기나 목적의 정당성, 2) 행위의 수단이나 방법의 상당성, 3) 보호이익과 침해이익과의 법익균형성, 4) 긴급성, 5) 그 행위 외에 다른 수단이나 방법이 없다는 보충성 등의 요건을 갖추어야 한다.(1984년 대법원 판례)

2. 체포술의 정의

체포술은 수사기관이 현행범이나 또는 법률(체포영장 등)에 의한 피의자를 제압하거나 그 신병身柄을 확보하기 위해 물리적인 수단을 가하여 피체포자의 신체를 구속하기 위한 공무상의 강제 행위이다.

체포술은 피의자가 체포에 불응하거나 저항, 공격, 도주 등의 저해 요소로 작용하는 물리적인 행동을 원천적으로 봉쇄하여 법 집행과 증거 보전, 그리고 위해危害를 방지하는 등 공권력을 원활하게 집행하기 위한 수단이다.

기계는 동력(에너지)으로 가동할 수 있는 것과 같이 저항하는 사람의 완력腕力이나 반사행동에 대응하기 위해서는 상응한 물리적 요소를 필요로 한다.

체포술은 최소한의 힘(물리력)으로 상대의 관절이나 급소 등 신체의 핵심 부위를 집중적으로 공략하여 효과적으로 피의자를 제압할 수 있는 기술이다.

▶ 체포술은 인체에 작용하는 힘의 역학관계와 물리적인 원리를 이론적 배경으로 기술의 완성도를 높였으며, 실전적 가치에 역점을 두었다.

3. 체포의 요령

피의자를 체포할 때는 저항의 정도, 흉기 소지 여부, 상대의 수적數的인 요소, 그리고 주위의 상황을 즉흥적으로 판단하여 신속하고 능동적으로 행해져야 한다.

체포는 자신감과 타이밍(timing)이 중요하므로 현행범이나 기타 피의자를 발견했을 때는 지체 없이 상대에게 접근하여 일체의 행동을 저지하고 신체를 제압해야 한다.

만약 체포 기회를 놓치게 되면 상대의 반격이나 도주 등을 허용하여 자칫, 호기好機가 위기상황으로 반전되는 역기능 현상이 초래될 수 있으므로 체포를 실행할 때는 기민하고 적극적인 자세로 임해야 한다.

또한 피체포자가 체포에 순응할 의지가 있는지, 저항이나 공격, 도주 우려가 있는지 등 상대의 동태動態와 거동을 직관적으로 판단하여 위험 요소의 여부에 따라 상응한 물리력으로 대응할 수 있어야 한다.

피체포자에게 불필요한 행동이나 언어 등으로 위압감을 줄 수 있는 가혹행위를 범하게 되면, 헌법(제37조 2항)에 보장된 '비례성의 원칙' 또는 '과잉금지의 원칙'에 위배되는 '인권침해'를 유발할 수도 있다.

chapter 1 기술

- 상대 앞에서 체포할 때
- 상대 옆에서 체포할 때
- 상대 뒤에서 체포할 때

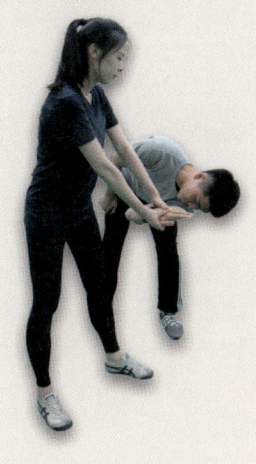

상대 앞에서 체포할 때

1. 팔 옆으로 틀고 손목 꺾기

요령

① 오른손으로 상대 맞은편 손, 엄지 부위를 감싸 (엄지가 손등으로 가게) 잡는다.
② 왼발을 우측 발 앞에 내딛고 팔을 들어 올릴 때 왼손도 같은 부위를 잡는다.
③ 몸을 우측으로 틀면서 상대 팔을 옆으로 젖힌다.(팔의 각도는 90도를 유지한다.)
④ 양손 엄지로 손등을 누르며 팔꿈치와 손목을 동시에 꺾는다.

▶ 팔의 각도를 유지하여 아래로 낮출수록 기술의 완성도가 높아지며, 실내室內, 기내機內, 차내車內(지하철 등) 같은 좁은 공간에서 피의자를 제압할 때 적합한 기술이다.

▲ 1-1

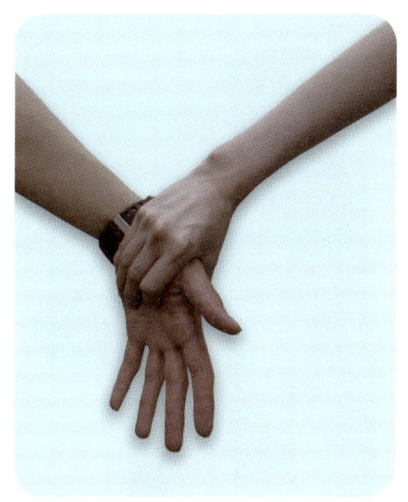

▲ 1-2

▲ 2

▲ 3-1

▲ 3-2

PART 02 체포술 **171**

▲ 4-1

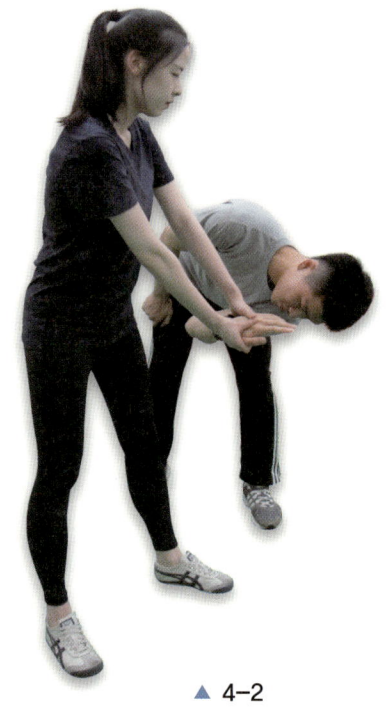

▲ 4-2

◀ 4-3

2. 팔 틀어 뒤로 손목 꺾기

> 요령

① 오른손으로 상대 왼손 엄지 부위를 엄지가 손등으로 가도록 감싸 잡는다.
② 상대 팔을 들어 올린 후 우측으로 젖혀 팔꿈치와 손목을 직각으로 튼다.
③ 왼발을 앞에 내디디며 왼팔을 상대 겨드랑이에 넣어 그의 손등을 잡는다.
④ 오른손으로 상대 팔꿈치를 자신의 겨드랑이에 밀어 끼고 손등을 누른다.
⑤ 몸을 앞으로 기울여 상대를 눕히고 무릎으로 어깨를 누르며 수갑을 채운다.

▲ 1-1

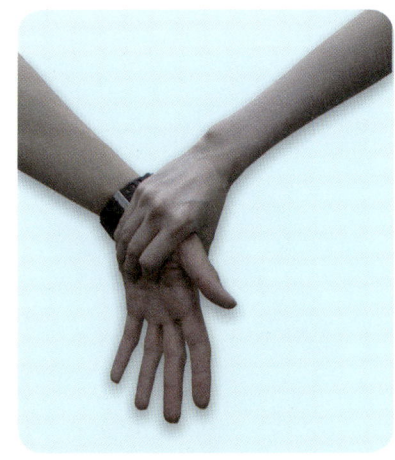

▲ 1-2

▲ 2

▲ 3

▲ 4

▲ 5

▲ 6-1

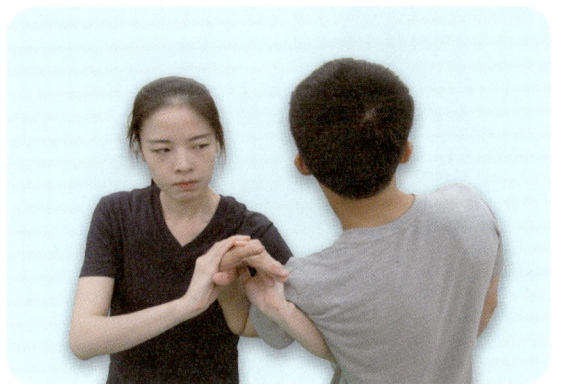

▲ 6-2

▶ 7

PART 02 체포술 **175**

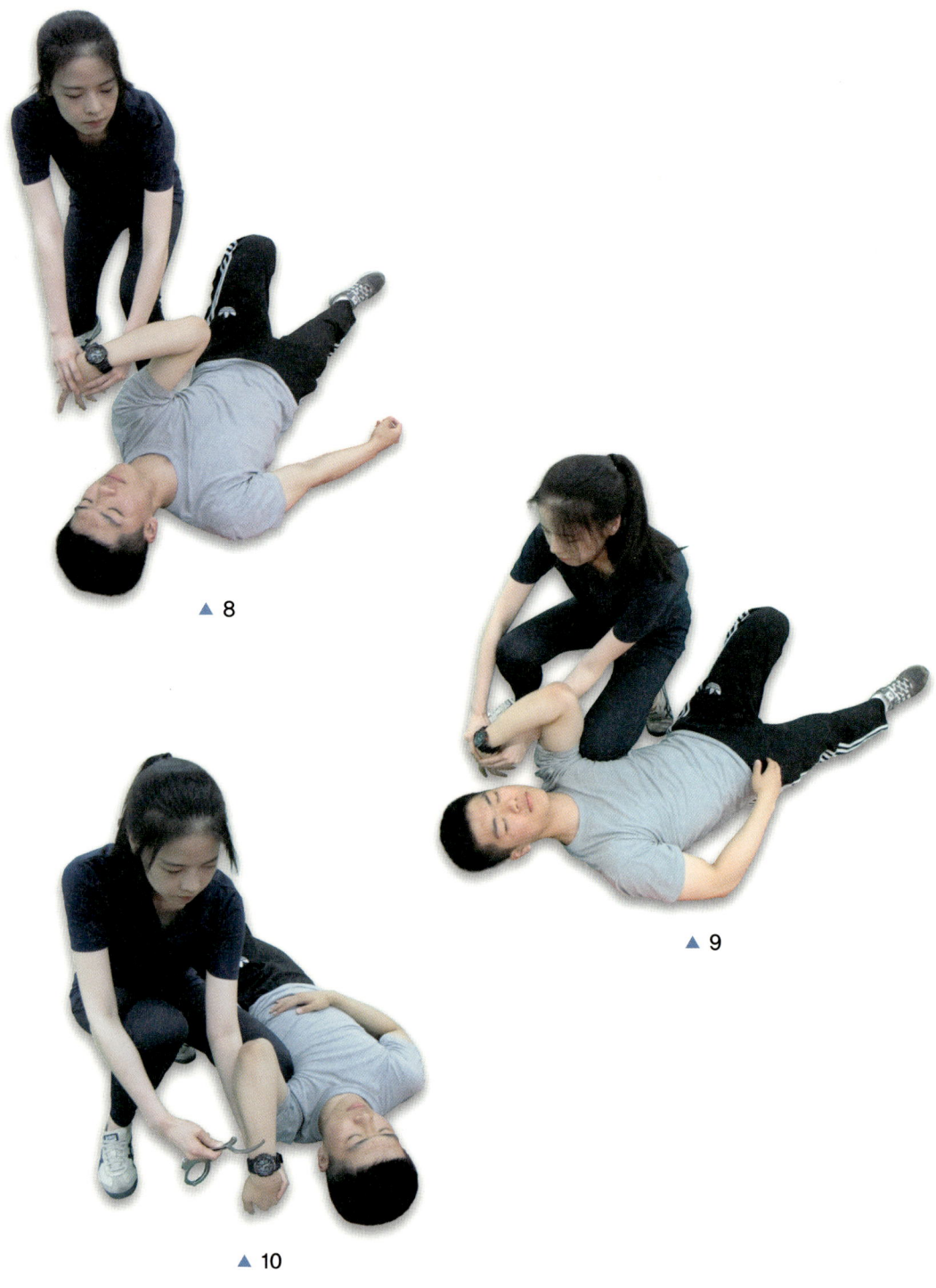

▲ 8

▲ 9

▲ 10

176 호신술의 완성

3. 등 뒤로 손등 밀어 꺾기

> **요령**

① 왼발을 앞에 내디디며 왼손은 상대 팔 안쪽(오금) 부위를, 오른손은 그 손등을 잡는다.
② 손등을 상대 등 뒤로 밀면서 오른발을 내딛고 몸을 상대 옆으로 틀어 바짝 다가선다.
③ 왼손으로 팔오금을 눌러 오른쪽 팔꿈치로 누른 후 그 팔을 뻗어 상대 손등을 잡는다.
④ 오른손도 같은 부위를 잡고 당겨 손목을 꺾으면서 상대를 뒤로 보행케 하여 연행한다.

▶ 자신의 양 팔꿈치를 안쪽으로 모아서 상대 팔이 빠지지 않도록 주의한다.

▲ 1

▲ 2

▲ 3

▲ 4

▲ 5

▲ 6-1

▲ 6-2

4. 휘돌아 팔 비틀어 꺾기

> 요령

❶ 왼손으로 상대 손등이나 손목을 잡고 오른손으로 그의 손(바닥)을 맞잡는다.
❷ 몸을 1시 방향으로 틀며 손을 위로 쳐들고 왼발을 상대 좌측 편에 내딛는다.
❸ 오른발을 시계 방향으로, 몸을 360도 회전하여 상대 좌측에 선다.(이때 상대 팔은 180도 틀어진다.)
❹ 오른손으로 상대 손 아래(엄지 부위)를 위로 쳐들면서 왼손으로 손목을 누른다.

▷ 오른발을 뒤로 빼면서 상대 팔을 (지면에 가까이) 낮춰 당길수록 더 위력적으로 작용하여 기술의 완성도를 높일 수 있다.

▲ 1

▲ 2

▲ 3

▲ 4

▲ 5

▲ 6

PART 02 체포술 181

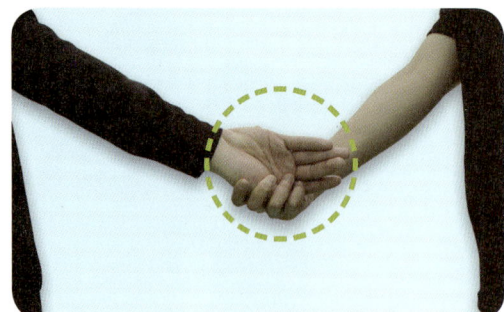

▲ 7

▲ 8

▲ 9-1

▲ 9-2

5. 양 손가락 젖혀 꺾기

> 요령

① 상대 양손을 맞붙이게 하여 왼손으로 (엄지와 새끼손가락을 제외한) 여섯 손가락을 잡는다.
② 오른발을 상대 앞에 내딛고 같은 쪽 손을 상대 팔 사이로 넣어 양 새끼손가락을 잡는다.
③ 왼발을 뒤로 역회전, 몸을 180도 회전하여 상대의 손가락을 뒤로 젖히(당기)면서 연행한다.

▶ 권총 손잡이를 파지把持하듯이 새끼손가락을 잡고 당긴다.

▲ 1-1

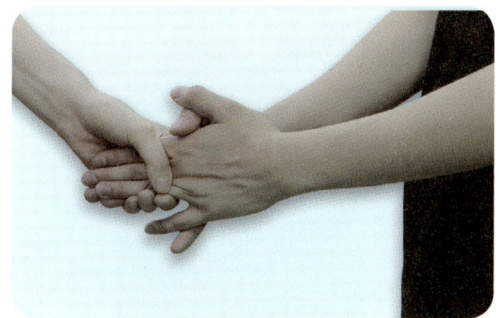

▲ 1-2

▲ 2

▲ 3

▲ 4-1

▲ 4-2

184 호신술의 완성

상대 옆에서 체포할 때

1. 뒤로 손등 눌러 꺾기

요령

① 상대 좌측에서 오른손으로 그의 왼손을 맞잡고 가슴 높이로 들어 올린다.
② 왼발을 시계 방향으로 몸을 180도 회전하여 왼팔을 상대 겨드랑이에 넣는다.
③ 왼손은 상대 손등을 잡고 오른손은 그의 팔꿈치를 밀어 겨드랑이에 낀다.
④ 오른손도 왼손과 같이 상대 손등을 동일하게 잡고 눌러 꺾으며 연행한다.

▶ 피의자에게 수갑을 채우거나 결박할 때는 손등을 누른 상태를 유지하며 몸을 앞으로 기울여 상대를 뒤로 넘어뜨린 후 왼쪽 무릎으로 어깨 부위를 누르고 동작을 실행한다.

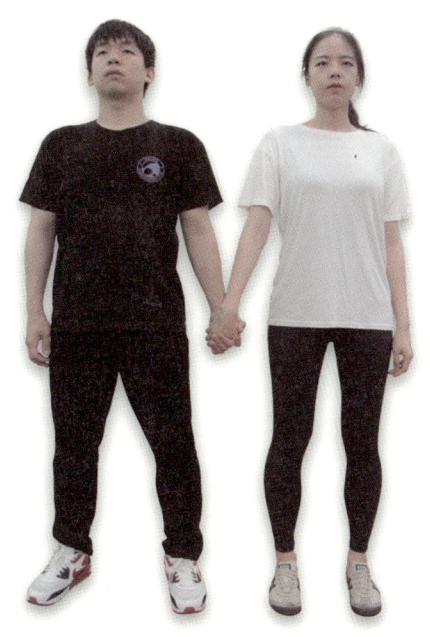

▲ 1-1

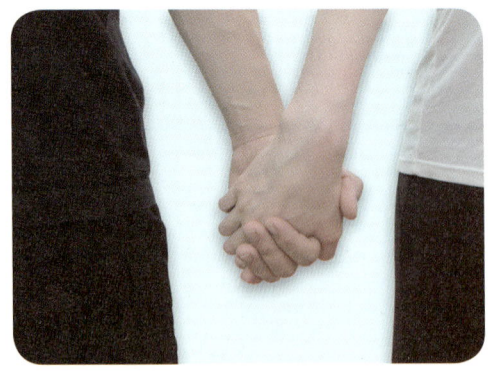
▲ 1-2

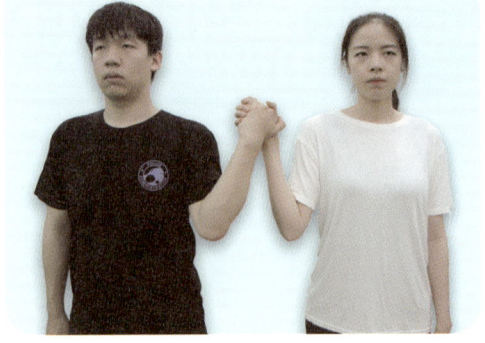
▲ 2

▲ 3

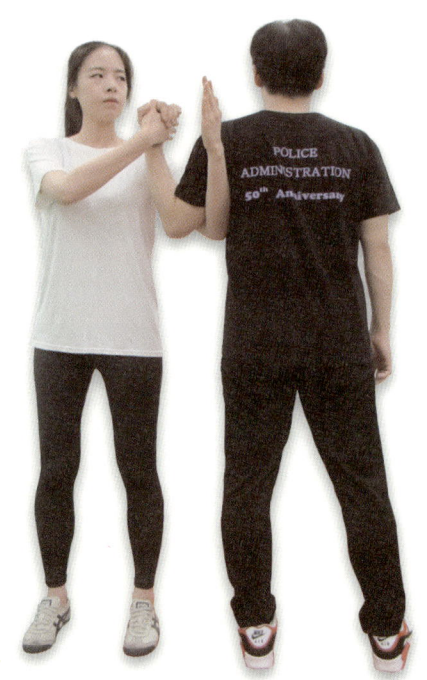
▲ 4

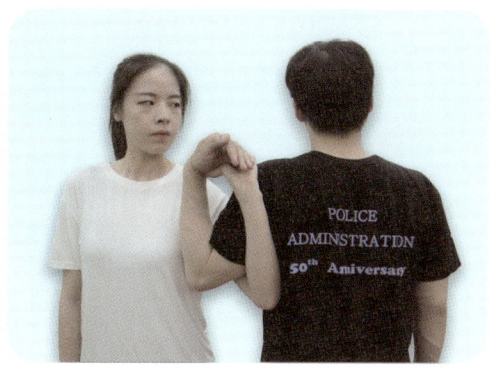

▲ 5

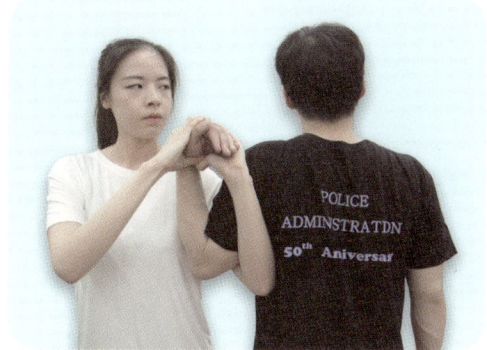

▲ 6

▲ 7

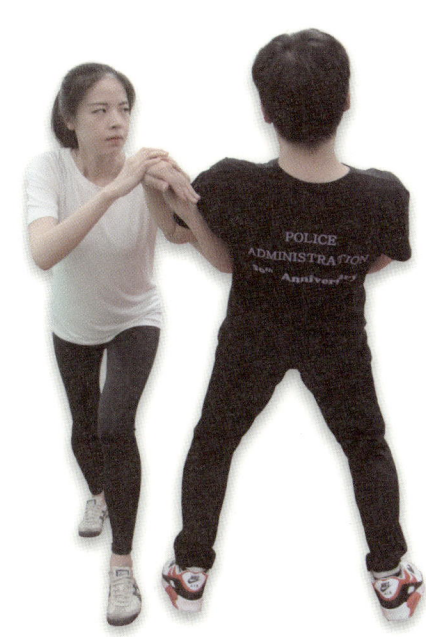

▲ 8

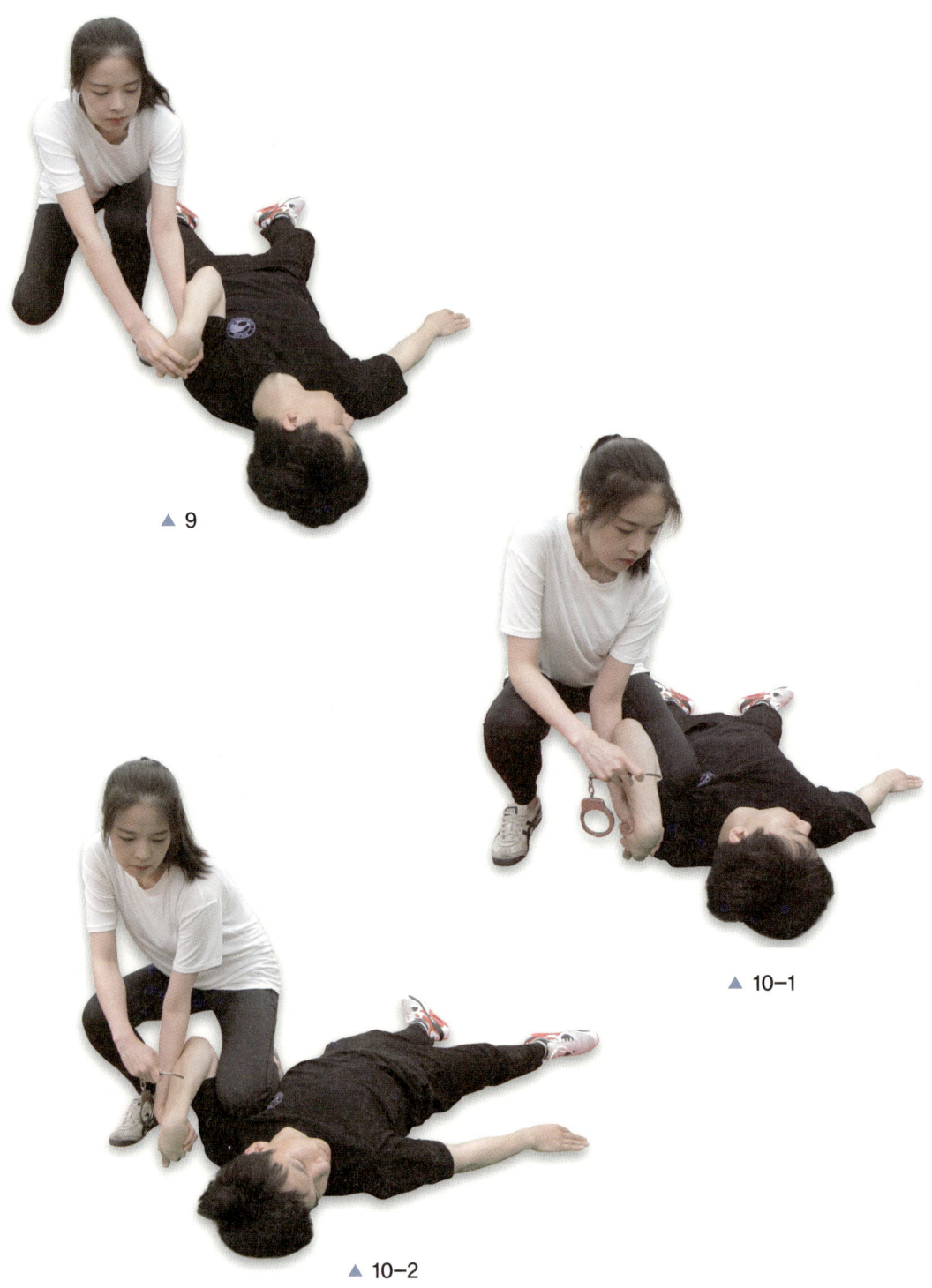

▲ 9

▲ 10-1

▲ 10-2

2. 팔짱 끼고 손목 꺾기

> **요령**

① 상대 옆에서 한 손은 팔짱을 끼고 반대쪽 손은 그 손목을 잡는다.
② 상대 팔을 들어 올려 팔짱 낀 손으로 손등을 가로로 얹어 누른다.
③ 반대쪽 손을 그 부위에 얹어 양손으로 손등을 누르면서 연행한다.

▶ - 상대 팔을 수직으로 세우고 자신의 가슴에 바짝 당겨 붙인다.
   - 손끝이 전방을 보게 하고 자신의 양 팔꿈치는 안으로 모은다.

▲ 1

▲ 2

▲ 3

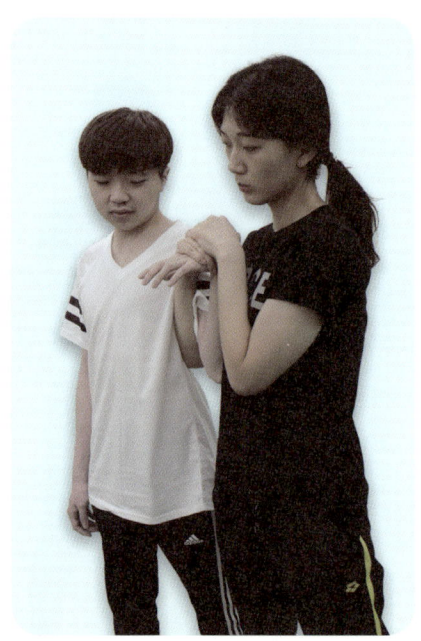

▲ 4

▲ 5

3. 팔 뒤로 틀어 손목 눌러 꺾기

> **요령**

① 상대 측면(상대를 향하여)에서 오른손으로 그 왼손 엄지 부위를 감싸 잡는다.

② 왼발을 앞에 내딛고 잡은 손을 들어 올리면서 왼손도 같은 모양으로 잡는다.

③ 왼발을 축으로, 오른발을 뒤로(시계 방향) 이동하며 몸을 우측 방향으로 튼다.

④ 팔의 각도를 90도로 유지하며 양손 엄지로 손등을 눌러 팔과 손목을 꺾는다.

⬢ 꺾은 팔을 비틀면서 아래로 낮출수록 고통이 가해진다.

▲ 1-1

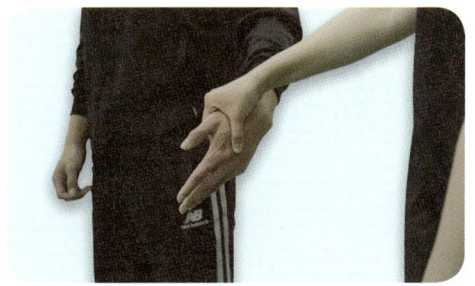

▲ 1-2

▲ 2

▲ 3

▲ 4

▲ 5

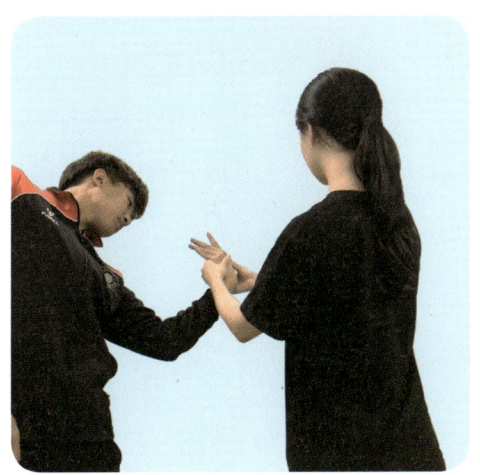

▲ 6-1

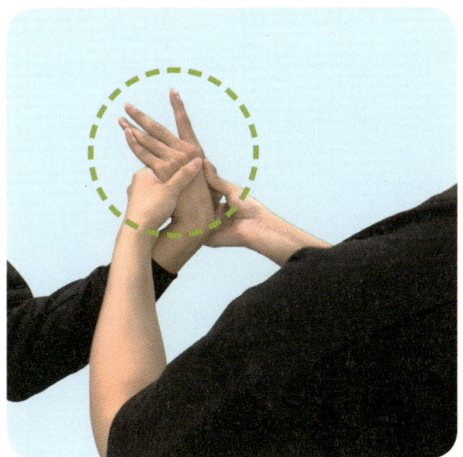

▲ 6-2

상대 뒤에서 체포할 때

1. 뒤로 양팔 잡고 목조르기
'기술 1'

요령

① 상대 뒤쪽에서 양팔로 그의 두 팔을 감아 끼고 등 뒤로 조인다.
② 왼팔을 등 뒤로 길게 뻗어 상대 두 팔을 당겨 왼손으로 잡는다.
③ 오른손으로 상대 어깨를 잡고 발로 오금을 누르며 상체를 뒤로 젖힌다.
④ 오른팔로 상대 목(앞 부위)을 조르며 자신의 머리는 상대 왼쪽에 둔다.

- 상대 겨드랑이에 팔을 바짝 붙여서 깊이 낀다.
- 상대 목을 너무 압박하여 질식되지 않게 한다.
- 상대 뒷머리에 안면을 가격 당하지 않도록 주의한다.
- 상대 목을 잡을 때는 엄지손가락이 옷깃 속으로 가게 잡는다.
- 상체를 뒤로 젖힐 때는 무릎으로 허리를 누르는 방법도 있다.

▲ 1

▲ 2

▲ 3

▶ 4

▲ 5

PART 02 체포술

▶ 6-1

▶ 6-2

'기술 2'

요령

① 오른손으로 상대 왼팔을 잡고 왼팔을 그의 겨드랑이 밑으로 깊이 낀다.
② 오른손으로 상대 오른팔을 등뒤로 당겨서 왼손으로 그의 팔을 잡는다.
  －이하 '기술 1'과 동일－

▲ 1

▲ 2

▲ 3

▲ 4

PART 03

기본 동작

자세

1. 자연(본)체

두 발을 어깨 넓이로 벌리고 몸에 힘을 뺀 후 자연스럽게 서 있는 기본 자세이다.

1) 우자연체 : 자연본체에서 오른발을 1보 앞으로 내디딘 자세
2) 좌자연체 : 자연본체에서 왼발을 1보 앞으로 내디딘 자세

▲ 자연본체

▲ 우자연체

▲ 좌자연체

2. 자호(본)체

발을 충분히 벌리고 자세를 낮춰 신체 중심이 하체에 실려 있는 수비 자세이다.

1) 우자호체 : 자호본체에서 오른발을 앞으로 크게 내디딘 자세
2) 좌자호체 : 자호본체에서 왼발을 앞으로 크게 내디딘 자세

▲ 자호본체

▲ 우자호체

▲ 좌자호체

피하기 동작

1. 정적靜的인 동작

몸을 이동하지 않고 제자리에서 작은 동작으로 상체를 옆(좌 우), 또는 뒤로 젖히거나 몸을 낮춰서 피하는 동작이다.

1) 상체를 옆으로 젖힌다

▲ 1-1

▲ 1-2

2) 상체를 뒤로 젖힌다

▲ 1-1

▲ 1-2

3) 몸을 낮춘다

▲ 1-1

▲ 1-2

2. 동적動的인 동작

몸을 사방으로 이동하면서 큰 동작으로 피하는 동작이다.

1) 몸을 앞으로 이동한다

▲ 1-1

▲ 1-2

2) 몸을 옆으로 이동한다

▲ 1-1

▲ 1-2

3) 몸을 뒤로 이동한다

▲ 1-1

▲ 1-2

인체 외부 명칭도 세부 설명

전면前面

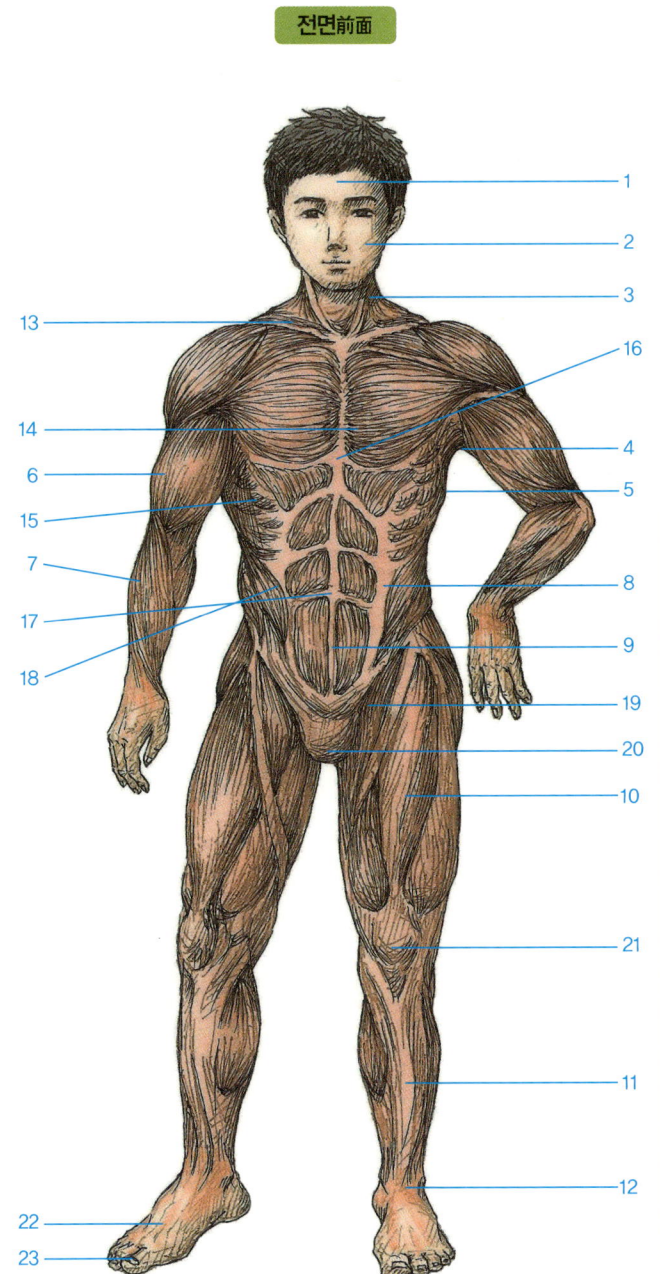

1 전두부前頭部_이마
2 협頰_얼굴의 볼
3 경부頸部_목 부위
4 액와腋窩_겨드랑이
5 측흉부側胸部_가슴 옆 부위
6 상완上腕_위팔
7 전완前腕_아래팔
8 좌측 복부左側腹部_왼쪽 배
9 하복부下腹部_배꼽 밑 아랫배
10 대퇴부大腿部_앞 넓적다리
11 경골脛骨_정강이뼈
12 족관절足關節_발관절
13 쇄골鎖骨_어깨 사이 빗장뼈
14 흉골胸骨_가슴뼈(복장뼈)
15 늑골肋骨_갈비뼈
16 심와心窩_가슴뼈 밑 중앙(명치)
17 제두臍肚_배꼽 부위
18 우측복부右側腹部_오른쪽 배
19 서혜부鼠蹊部_대퇴부의 기부
20 외음부外陰部_남녀 생식기
21 슬개부膝蓋部_무릎(슬관절_무릎관절)
22 족배부足背部_발등
23 족지足指_발가락

배면背面

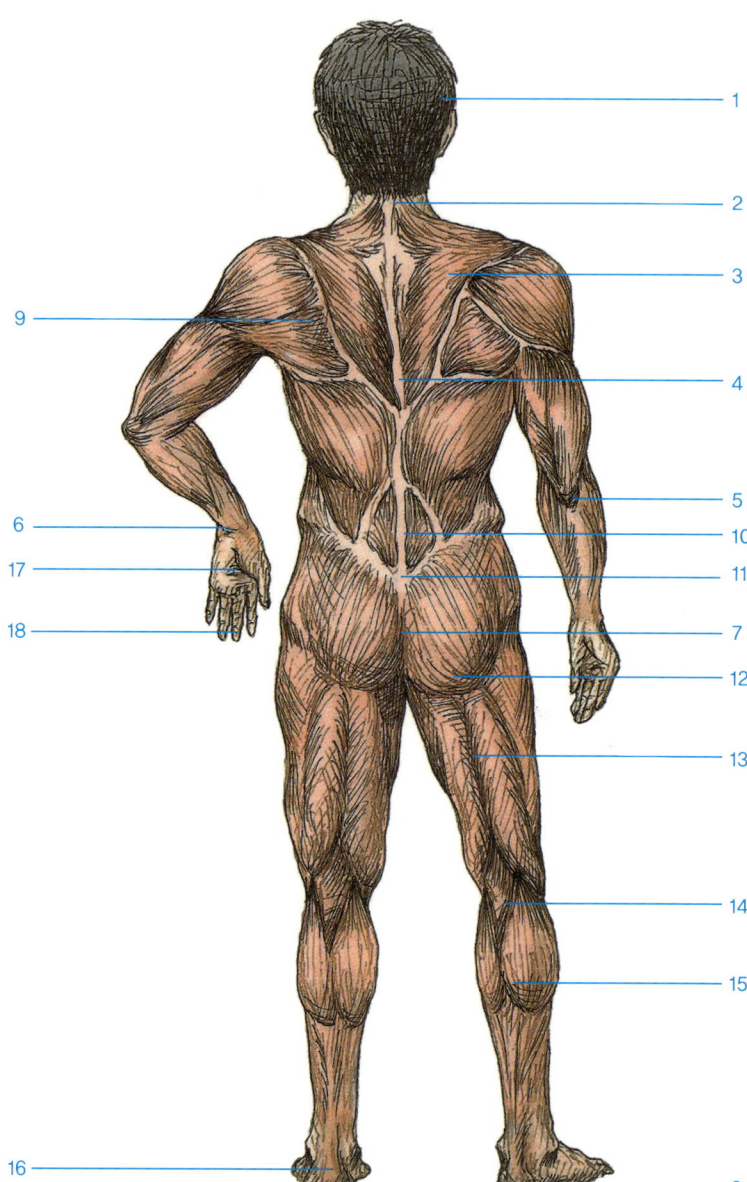

1 후두부後頭部_머리 뒷부분
2 항부項部_목덜미(경추_목뼈)
3 견갑상부肩胛上部_어깨 위 부위
4 흉추胸椎_등뼈
5 주관절肘關節_팔꿈치관절
6 완골腕骨_손목뼈(완관절_손목관절)
7 미추尾椎_꼬리뼈
8 족척足蹠_발바닥
9 견갑부肩胛部_어깨뼈 부위(견갑골_어깨뼈)
10 요부腰部_허리(요추_허리뼈)
11 천골薦骨_엉치뼈(천추)
12 둔부臀部_엉덩이
13 후대퇴부後大腿部_뒤 허벅지
14 슬와부膝窩部_무릎 뒤 부위
15 하퇴부下腿部_종아리
16 종골踵骨_발뒤꿈치 뼈
17 수장手掌_손바닥
18 수지手指_손가락

저자의 경찰 호신술·체포술 교육 장면
(서울지방경찰청)

저자의 경찰 호신술·체포술 교육 장면
(경찰인재개발원 '구 경찰종합학교')

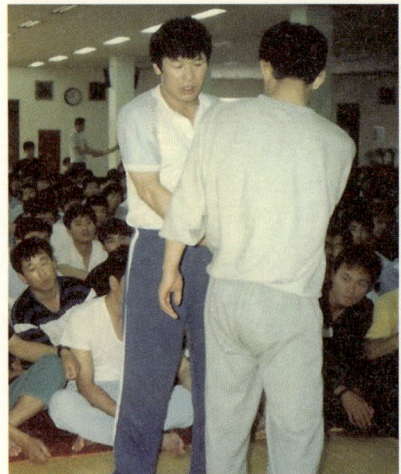